JÁN LACIKA

NIEDERE TATRA

HERAUSGEBER: DANIEL KOLLÁR

Niedere Tatra (Nízke Tatry)
1. Ausgabe, 2001

Herausgeber: Peter Augustini und Daniel Kollár
Wandertouren: Ján Lacika
Naturverhältnisse: Ján Lacika
Natursehenswürdigkeiten und Tips für Ausflüge: Daniel Kollár
Verantwortlicher Redakteur: Daniel Kollár
Technischer Redakteur: Tibor Kollár
Übersetzung: Astrid Cvrkal-Linke
Lektorat: Roman Cvrkal
Fotografien: Karol Demuth, Ladislav Janiga, Miroslav Vážny
Höhenprofile: Ján Lacika
Kartenausschnitte: © Vojenský kartografický ústav, š. p., Harmanec, 2001
Umschlaggestaltung: Ján Hladík
Design und Typographie: Jagus DTP
Druck: Kníhtlačiareň Svornosť, a.s., Bratislava

ISBN 80-88975-31-X

Liebe Leser!

Der Verlag DAJAMA widmet sich seit seiner Gründung der Propagierung der Slowakei und veröffentlicht Publikationen über ihre einzelnen geographisch-historischen Gebiete. Im Rahmen der Reihe „Regionen ohne Grenzen" bearbeiten wir einzelne Grenzgebiete und im Rahmen der Reihe „Wir erkunden die Slowakei" stellen wir Geschichte und Gegenwart der natürlichen historischen Regionen vor. Hauptziel unserer Tätigkeit ist die Veröffentlichung der Publikationen nicht nur in slowakischer Sprache, sondern auch in weiteren Fremdsprachen, um so die einzelnen Regionen der Slowakei einem breiten Publikum vorzustellen.

Mit ähnlichem Vorsatz bereiteten wir die neue Reihe **Mit dem Rucksack durch die Slowakei** vor. Im Jahr 2001 erscheinen in dieser Reihe die ersten vier Bücher: West-Tatra (Západné Tatry), Niedere Tatra (Nízke Tatry), Slowakisches Paradies (Slovenský raj) und Hohe Tatra (Vysoké Tatry). Entsprechend unserer Philosophie erscheinen sie in vier Sprachen: Slowakisch, Englisch, Deutsch und Polnisch. Wie schon aus der Bezeichnung der Reihe ersichtlich ist, bilden vor allem Fußwanderungen den Inhalt dieses neuen Reiseführers. Neben den Beschreibungen der Basistouren kann man in ihnen Kartenausschnitte mit dem Verlauf der einzelnen Touren finden, ihr Höhenprofil, eine Charakteristik des Schwierigkeitsgrades und des Zeitablaufes, die in den meisten Fällen durch Fotografien der typischen Szenerien vervollständigt werden. Die Einführung der einzelnen Bücher enthält allgemeine Informationen, Beschreibungen der Naturverhältnisse und Karten der Regionen mit Lageverzeichnis der beschriebenen Wandertouren. Zum Schluß fügen wir Sehenswürdigkeiten, Tips für Ausflüge, praktische Informationen und ein Register der bedeutendsten touristischen Sehenswürdigkeiten hinzu. Die von uns empfohlenen Touren wurden auf Grund der persönlichen Erfahrungen unserer Autoren und Mitarbeiter bearbeitet, denen wir auf diesem Wege herzlich danken möchten. Trotzdem sind kleine Änderungen, die in der letzten Zeit auftreten konnten, nicht auszuschließen. Wir wären Ihnen sehr dankbar, wenn Sie bei Feststellung irgendwelcher Ungenauigkeiten Ihre Information an den Verlag senden. In der weiteren Ausgabe können wir dann nach Überprüfung gegebenenfalls Änderungen und Berichtigungen vornehmen.

Liebe Leser!

Wir hoffen, daß Sie unter dem Angebot der Ausflüge in die schönsten Gebirge der Slowakei Ihre Wahl treffen und romantische Momente im Schoße der slowakischen Berge verleben. Wir wünschen Ihnen schönes Wetter, gute Laune und eine glückliche Heimkehr.

Peter Augustini und Daniel Kollár

Inhalt

Hinweise für die Benutzung

Die Edition „Mit dem Rucksack durch die Slowakei“ ist für Touristen bestimmt, die Fußwanderungen bevorzugen. Der einführende Teil des Reiseführers ist Allgemeininformationen über die konzipierten jeweiligen Touren sowie den Grundregeln des Aufenthaltes in der Natur gewidmet. Das erste Kapitel macht kurz mit den Naturverhältnissen in dem Gebiet (von Oberflächenprofilen über Charakteristik der Gewässer, Klima, Boden, Flora und Fauna bis zum Naturschutz) bekannt. Nach einer kurzen Landschaftscharakteristik folgt eine Karte der Rcgion im Maßstab 1: 50 000 mit Kennzeichnung und Nummerierung der beschriebenen Fußwanderungen.

Nach dem allgemeinen Teil folgt die Beschreibung der einzelnen Touren. In der Einleitung einer jeden Tour kann man in einem Überblick die wichtigsten Informationen nach Stichwörtern geordnet finden. Das erste Stichwort definiert die Lage in dem Gebiet, in dem die Tour situiert ist. Das zweite Stichwort ist der Ausgangspunkt für den Beginn der Tour, der die Ortsbezeichnung enthält mit entsprechenden Möglichkeiten seiner Erreichung (z.B. Haltestelle SAD - Slowakischer Autobusverkehr, Haltestelle ŽSR - Eisenbahn der Slowakischen Republik, Parkplatz). Das dritte Stichwort bezeichnet den Endpunkt der Tour und die entsprechenden Verkehrsmöglichkeiten (z.B. Haltestelle SAD - Slowakischer Autobusverkehr, Haltestelle ŽSR - Eisenbahn der Slowakischen Republik, Parkplatz). Das vierte Stichwort ist der Zeitplan, der ein kurzes Verzeichnis der bedeutenden Haltepunkte der Tour mit einer Durchschnittszeit zwischen zwei benachbarten Punkten in Stunden angibt (in den Angaben über die Gesamtzeit sind die Rast- und Besichtigungszeiten interessanter Orte nicht enthalten). Das fünfte Stichwort gibt den Höhenunterschied an, d.h. zwischen dem höchsten und tiefsten Punkt der Tour. Das letzte Stichwort im Informationsblock stellt die empfohlene Karte dar, die das beschriebene Gebiet enthält. Nach diesen Stichworten folgen die Charakteristik des Schwierigkeitsgrades und die Beschreibung der Basistour.

Bei der Beschreibung der Basistour legen wir die Betonung vor allem auf die Naturbesonderheiten. Bestandteil jeder Tour ist ein Kartenausschnitt mit dem eingezeichneten Verlauf der Tour. Mittelschwere und anspruchsvolle Touren charakterisiert auch das Höhenprofil, wobei die Informationen über den größten Teil der Tour von Fotografien typischer Szenerie ergänzt werden. Die Basistouren sind so konzipiert, daß sie den Besuch aller interessanten Bereiche des beschriebenen Gebietes ermöglichen. Die vorgeschlagenen Touren darf man aber nicht als ein erschöpfendes bzw. definitives Verzeichnis ansehen. Es handelt sich eher um Empfehlungen, die sich durch das Absolvieren von Teilen der Tour beliebig kombinieren, verbinden (z.B. mit Übernachtung in einer Berghütte) oder verkürzen lassen. Bei einigen Touren sind auch Variationsmöglichkeiten angegeben.

Schwierigkeitsgrad

Die vorgeschlagenen Touren führen in der Regel über gut markierte Wege und Straßen. Im Falle möglicher Orientierungsprobleme wird auf diese Gegebenheit im Text aufmerksam gemacht. Das heißt, daß man im gegebenen Abschnitt die Aufmerksamkeit steigern und häufiger die Karte benutzen muß. Die Touren wurden so gewählt, daß sich jeder etwas auswählen kann - erfahrene Touristen sowie Menschen mit schwächerer physischer Kondition. Für die bessere Unterscheidung des Schwierigkeitsgrades sind die Nummerierungen der einzelnen Touren in den Farben Grün, Blau und Rot gehalten, die die drei Schwierigkeitsgrade ausdrücken: anspruchslose, mittelschwere und anspruchsvolle Tour.

Die anspruchslosen Touren sind in der Überschrift mit grüner Farbe gekennzeichnet und stellen Ausflüge dar, die für weniger rüstige Touristen, für Familien mit kleinen Kindern und für ältere Menschen geeignet sind. Es handelt sich um maximal halbtägige Ausflüge mit geringem Höhenunterschied auf gut instandgesetzten Straßen oder Wegen. Mittelschwere Touren sind mit blauer Farbe gekennzeichnet. Sie sind für rüstige Touristen und für

Familien mit größeren oder physisch rüstigen Kindern geeignet. Was den Zeitplan betrifft, sind sie länger, überwinden größere Entfernungen und erreichen ausgeprägte Höhenunterschiede. Einige sind auch anspruchsvoll in der Orientierung und erfordern Erfahrung mit dem Aufenthalt in der Natur.

Anspruchsvolle Touren sind mit roter Farbe gekennzeichnet und sind für ausgesprochen rüstige Touristen bestimmt, denen ein ganztägiger Aufenthalt im Terrain, große Höhenunterschiede, die Benutzung technischer Hilfsmittel und erschwerte Orientierung keine Probleme bereiten. Sie sind für Menschen mit ausgezeichneter physischer Kondition und ausreichenden Erfahrungen mit der Bewegung in anspruchsvollem Terrain geeignet.

Wanderausrüstung

Grundlage für physisches und psychisches Wohlbefinden beim Absolvieren von Gebirgs- und Hochgebirgstouren sind geeignete Bekleidung und Ausstattung, vor allen Dingen festes Schuhwerk mit Profilsohlen. Sportschuhe (Tennisschuhe und ähnliches) oder Halbschuhe schützen den Fuß nicht vor Unfällen im felsigen Terrain, vor allem nicht in beweglichem Geröll. Direkt auf dem Körper sollte man geeignete Unterwäsche tragen (sog. Thermowäsche), als mittlere Schicht kann man Bekleidung unterschiedlicher Dicke zum Beispiel aus dem Material Polar empfehlen. Als Oberbekleidung sind Anoraks und Hosen aus wasserabstoßenden und winddichten Materialien (z.B. Typ Goratex) geeignet. Bei längeren und anspruchsvollen Touren sollten in der Ausrüstung ein Regenmantel, Mütze, Handschuhe, wärmeisolierende Folie für unvorhergesehene Situationen und Basisapotheke nicht fehlen. Skistöcke, Eispickel und Steigeisen empfehlen wir für die Jahreszeiten, wenn in den Tälern und Pässen Schneefelder sind.

Zehn Grundregeln für einen sicheren Aufenthalt im Gebirge

1. Bei der Wahl der Tour sollte man die Leistungsfähigkeit des Touristen berücksichtigen.
2. Es ist ratsam sich über die Begehbarkeit der gewählten Strecke beim Bergrettungsdienst zu informieren.
3. Ziel der Tour und die vorausgesetzte Zeit der Rückkehr sollte man dem Quartiermacher mitteilen und im Wanderbuch einschreiben.
4. Zu längeren Touren sollte man früh aufbrechen.
5. Auch bei sonnigem Wetter sollte man festes Schuhwerk benutzen.
6. Ins Gepäck sollte man wasserdichte Bekleidung einpacken.
7. Wenn sich das Wetter zu verschlechtern beginnt, sollte man rechtzeitig umkehren.
8. Während der Tour sollte man auf den markierten Wegen bleiben, nicht in unbekanntes Terrain abbiegen und keine Schneefelder betreten.
9. Wenn ein Weg über der Waldgrenze mit Schnee bedeckt ist und keine Stockmarkierung aufweist, so ist er als unmarkiert anzusehen und man darf auf ihm nicht weitergehen.

10. Wenn die Touristen durch Umstände gezwungen werden nicht an den Ort ihrer Herberge zurückzukehren, so ist es ihre Pflicht, diesen Umstand dem Quartiermacher mitzuteilen.

Zehn Grundregeln für die Bewegung auf den Wanderwegen

1. Die geplante Tour vorher auf den Wanderkarten studieren.
2. Hauptaufmerksamkeit den Wegkreuzungen im freien Terrain widmen.
3. Auf scharfe Wendungen und Richtungsänderungen an weniger wichtigen Kommunikationen machen Zeichen (Pfeile) aufmerksam.
4. Wenn bei größeren Entfernungen (ungefähr 300 m) eine Markierung fehlt, handelt es sich mit großer Wahrscheinlichkeit um eine falsche Richtung. In diesem Falle sollte man besser bis zur nächsten Kreuzung zurückkehren und den richtigen Weg suchen.
5. Bei Betreten einer größeren freien Fläche im Waldbestand mit wenig sichtbarem Weg sollte man aufmerksam den gegenüberliegenden Rand des Waldbestandes mustern, ob die Zeichensetzer nicht ein großes Streifenzeichen (sog. Lockvogel) dort angebracht haben.
6. Bei der Markierung einiger Strecken konnten die Regeln der Markierung nicht eingehalten werden, was eine Unleserlichkeit der Markierung, ihre ungenügende Dichte und Unstimmigkeit mit der Karte bewirken kann.
7. Es empfiehlt sich auch manchmal zurückzusehen und sich zu überzeugen, ob die Markierung in der Gegenrichtung nicht zuverlässiger ist.
8. Es empfiehlt sich der Vergleich der Entfernungen der einzelnen Punkte auf der Strecke mit denen auf der Karte zur Kontrolle der Länge des Marsches und der noch zu bewältigenden Entfernung.
9. Bei der Bewegung im Terrain informieren über Entfernungen und Orte die Angaben auf den Wegweisern (in der Tabelle sind in der ersten Zeile der nächstgelegene Ort auf der markierten Strecke hinter dem Wegweiser, in der zweiten und dritten Zeile bedeutende Orte auf der Strecke und in der letzten Zeile gewöhnlich der Zielort angegeben).
10. Die markierten Wanderwege sind in vollem Umfange nur in einem Terrain ohne Schneedecke benutzbar.

Ďumbier

Lage

Die Niedere Tatra erstreckt sich zwischen den nördlichen Breitengraden 48° 42' und 49° 3' und den östlichen Längengraden 19° 16' und 20° 17'. Die längere Achse des ausgeprägt in Breitengradrichtung hingezogenen Zonengebirges mißt 80 km. Die in Längengradrichtung gemessene Breite des Gebirges bewegt sich zwischen 15 bis 25 km.

Die Niedere Tatra liegt nahezu in der Mitte der Slowakei. Die geographische Mitte des Landes, für die man den Gipfel Hrb im Nordrand des Tertiärvulkans Poľana ansieht, ist nur ungefähr 14 km vom Südwestrand des Gebirges situiert. Der Nordfuß der Niederen Tatra ist von der nördlichen Grenze der Slowakei mehr als 20 km entfernt. Die Südränder des Gebirges sind noch weiter von der Staatsgrenze entfernt, im Südosten trennen sie nahezu 45 km von ihr.

Tal Vajskovská dolina

Von Norden und Süden wird die Niedere Tatra von deutlich niedriger gelegener Landschaft begrenzt. Im Norden ist es das Becken Podtatranská kotlina, im Süden Horehronské podolie. Das breite Becken Podtatranská kotlina mit seinem flachen Boden kontrastiert scharf mit den zerklüfteten nördlichen Gebirgsnebenkämmen des hohen Gebirges. Im östlichen Teil des nördlichen Bergfusses der Niederen Tatra schiebt sich zwischen das Gebirgsmassiv und das Becken ein niedriges Vorgebirge in Form der schmalen Kozie chrbty. Im Nordosten reicht hierher der Ostzipfel des Beckens Hornádska kotlina. Der Teil Kráľova hoľa des Gebirges „übergibt" hier den oberen Abschnitt des Flusses Hornád der engen und tiefen Furche Vikartovská brázda. Nur im Westen und Osten hat die Niedere Tatra Gebirgsnachbarn. Die Westgrenze führt durch das breite Tal Revúca, das es von der Veľká Fatra trennt. Weiter im Süden findet sich das niedrige Vorgebirge Starohorské vrchy, das nach der älteren orographischen Einteilung Bestandteil der Niederen Tatra war. Heute bildet es ein selbständiges geomorphologisches Ganzes. Im Osten senkt sich das Relief des Teiles Kráľova hoľa der Niederen Tatra ausgeprägt zu den Karstplateaus des Slowakischen Paradieses.

Die Niedere Tatra ist ein Gebirge, das die historischen Regionen des ehemaligen Österreich-Ungarns sowie auch die Gebiets- und Verwaltungseinheiten der heutigen Slowakischen Republik markiert. Es trennt Horehronie von Liptau und der westlichen Zips. Gegenwärtig ist diese ausgeprägte natürliche Grenze auch die Grenze zwischen den Bezirken Žilina, Banská Bystrica und Prešov. Der größte Teil des Massivs der Niederen Tatra ist zwischen die Kreise des Bezirkes Žilina, Ružomberok und Liptovský Mikuláš aufgeteilt. Mit einem kleinen Teil reicht es auf das Gebiet des Kreises Poprad im Bezirk Prešov. Die südlich orientierten Täler und Gebirgsnebenkämme des Gebirges liegen auf dem Gebiet des Bezirkes Banská Bystrica – in den Kreisen Banská Bystrica im Westen und Brezno im Osten. Auf das Territorium der Niederen Tatra greifen die Katastergebiete von 43 Gemeinden und Städten.

Naturverhältnisse

Veľká Vápenica von Veľký bok

Untergrund und Oberfläche

Die Niedere Tatra hat einen ähnlichen **geologischen Bau** wie andere kristalline Mesozoikumgebirge der Inneren Westkarpaten. Im zentralen Teil des Massives befindet sich ein kristalliner Kern, vertreten durch paläozoische Eruptionen und verwandeltes Gestein.Es überwiegen verschiedene Typen von Graniten und Granodioriten des Prašivá-Typs und des Ďumbier-Typs, kleinere Formationen bilden kristalline Schiefer wie Gneis, Phyllite und Amphibolite. Die Verteilung der Quartärstruktureinheiten des Gebirges sind asymmetrisch. In bedeutend geringerem Umfange sind die quartären Sedimentgesteine im Süden vertreten, im Norden gibt es viel mehr. Der Liptauer Teil der Niederen Tatra hat überwiegend Kalkstein-Dolomit. Die gewaltige Schichtung der Ablagerungen des tropischen quartiären Meeres ist gefaltet und zu Decken zusammengeschoben. In den Schichten der Krížňanský-Decke, die in den westlichen und nordwestlichen Teilen des Gebirges an die Oberfläche tritt, sind reichhaltig weichere Mergel und Schiefergesteine vertreten. Auf diesen weniger widerstandsfähigen Schichten formte sich ein niedriges und glatter modelliertes Relief mit kleinen Erosionsbecken und breiten Tälern, wie es die Täler Lužnianska kotlina und Revúcke podolie sind, die allerdings schon Bestandteil der benachbarten Veľka Fatra sind. Ein eindeutig dramatischeres und felsigeres Relief bildete sich auf den Gesteinen der Choč-Decke in den nördlichen Teilen des Gebirges vom Tal Iľanovská dolina in Richtung Osten. Hier überwiegen Kalksteine und Dolomite, die einer intensiven Verkarstung unterliegen. Demänovské vrchy, aufgebaut aus großen Teilen des chemisch sehr reinen Gutenstein-Kalksteins, gehören zu den bedeutendsten Karstgebieten der Slowakei mit außergewöhnlich ausgebildetem unterirdischem Karst. In der Niederen Tatra befinden sich nur kleinere Inseln quartärer Gesteine und zwar zwischen Moštenica und Mýto pod Ďumbierom. Aufmerksamkeit verdient auch das lokale Auftreten von quartärem Kalkstein am Südosthang des Ďumbier, wo sich ein interessanter

Salatín von Sivý vrch

Hochgebirgskarst bildete. Der geologische Bau der Niederen Tatra hat seine Fortsetzung in den benachbarten geomorphologischen Vorgebirgseinheiten, Starohorské vrchy und Kozie chrbty. In Starohorské vrchy zeigen sich an der Oberfläche Inseln eines kristallinen Kerns, auf dem Schichten von terrestrischen Sedimenten des Karbon und Perm aufgelagert sind. Diese Schichten, mit Überwiegen von Konglomeraten, waren in der Vergangenheit reich an Erz.

Die der Niederen Tatra benachbarten Niederungen haben einen abweichenden geologischen Bau. Das Becken Podtatranská kotlina füllen paleogene Sedimente, die Überreste der Ablagerungen eines Meeres sind, das irgendwann einen großen Teil der heutigen Slowakei einschließlich der Niederen Tatra bedeckte. In Horehronská podoľa lagern darauf noch See- und Flußablagerungen des Karbons und Perms.

Die Niedere Tatra stellt eine gewaltige, schwer zugängliche Gebirgsquerlinie zwischen dem oberen Tal des Váh und dem oberen Tal des Hron dar. Diese hohe Barriere formte sich durch Aufbauschung einer ausgedehnten Wölbung, die in ein System tektonischer Schollen zerbrach, begrenzt durch ein System von Brüchen. Die Anhebung des Gebirges begann im Tertiär und während des Quartär schritt sein In-die-Höhe-wachsen gegenüber den relativ absinkenden benachbarten Niederungen oder niedrigeren Gebirgen fort. Während des Quartär wurde der zentrale Teil des Gebirges durch die Tätigkeit der Gletscher ummodelliert.

Die tektonischen Bewegungen hoben die Niedere Tatra in eine Höhe über dem Meeresspiegel, wonach sie, nach der Tatra, das zweithöchste Gebirge der Slowakei und der Westkarpaten ist. Der höchste Gipfel des ganzen Gebirges ist Ďumbier (2 043 m). Außer ihm übersteigen weitere drei Gipfel der Niederen Tatra die Höhe von 2 000 m ü.d.M. Wenn wir zu dem Verzeichnis der höchsten Gipfel nicht einige auf den touristischen Karten unbenannte unbedeutende Erhöhungen rechnen, so hat die Niedere Tatra 27 Gipfel höher als 1 700 m ü.d.M., 18 Gipfel höher als 1 800 m ü.d.M. sowie 10 Gipfel, die die Höhe von 1 900 m ü.d.M. erreichen.

Aus **geomorphologischer Sicht** stellt die Niedere Tatra eine selbständige Einheit dar, die zum Fatra-Tatra-Gebiet der Inneren Westkarpaten gehört. Ferner teilt sie sich in zwei Untereinheiten und in eine Reihe von niederen geomorphologischen Teileinheiten. Die beiden Untereinheiten erhielten ihren Namen nach ihren höchsten Gipfeln. Im Westen sind das Ďumbierske Tatry und im Osten Kráľovohoľské Tatry. Die Grenze zwischen ihnen führt durch das Tal Štiavničky zum Paß Čertovica und weiter durch die Täler Bocianska und Malužinská dolina.

Ďumbierske Tatry sind der höhere und gegliedertere Teil der Niederen Tatra. Der Hauptkamm ist zur Mitte des Gebirges situiert. Er verläuft von Westen nach Osten mit Ausnahme des westlichsten Teiles, der mit einem großen Bogen in Richtung Süden ausweicht. Diesen bogenförmigen Kamm, der die Achse der Berggruppe **Prašivá** ist, bedecken ausgedehnte Bergwiesen und Krummholzkiefern. Mit seiner Höhe überragt er die Umgebung und

Die höchsten Gipfel der Niederen Tatra *(in m)*

1.	Ďumbier	2 043,4	15.	Baňa	1 859,1
2.	Štiavnica	2 025,3	16.	Žiarska hoľa	1 840,5
3.	Chopok	2 023,6	17.	Orlová	1 840,4
4.	Dereše	2 003,5	18.	Králička	1 807,4
5.	Skalka	1 980,1	19.	Bartková	1 790,2
6.	Chabenec	1 955,0	20.	Veľký Gápeľ	1 776,5
7.	Kráľova hoľa	1 946,1	21.	Veľká Chochuľa	1 753,2
8.	Kotliská	1 936,9	22.	Krakova hoľa	1 751,6
9.	Krúpova hoľa	1 927,5	23.	Ďurková	1 749,8
10.	Zákľuky	1 914,5	24.	Ludárova hoľa	1 731,6
11.	Poľana	1 889,7	25.	Veľký bok	1 727,1
12.	Bôr	1 887,6	26.	Rovná hoľa	1 722,9
13.	Konské	1 882,3	27.	Malá Chochuľa	1 718,6
14.	Stredná hoľa	1 875,9			

bietet deshalb einen weiten Ausblick. Außer dem Sattel Sedlo pod Skalkou (1 476 m) sinkt der Kamm nicht unter 1 500 m ü.d.M. und auch nicht unter die obere Baumgrenze. Kulminationspunkt des Hauptkammes ist Veľká Chochuľa (1 753 m). In dem einzigen ausgeprägteren Gebirgsnebenkamm, auslaufend auf der Seite des oberen Hronlaufes, gibt es zwei Gipfel, die 1 500 m übersteigen. Im Nordwesten der Ďumbierske Tatry erstreckt sich die Gruppe **Salatíny.** Die Gruppe bilden ein verhältnismäßig kompliziertes System von Kämmen und Tälern. Die gewaltigsten sind die Täler Ludrovská und Ľupčianska dolina. Dominantes Landschaftselement ist der Gipfel Salatín (1 630 m), der diesem Teil des Gebirges den Namen gab. Der felsige Salatín sowie auch die benachbarte Ľupčianska Magura sind vom Hauptkamm der Niederen Tatra durch einen Streifen eines gesenkten Reliefs, gebildet auf weniger widerstandsfähigem Mesozoikumgestein, abgetrennt. Ein flaches Becken bildete sich hier in der Umgebung von Magurka. Eine größere Depression finden wir weiter nach Westen, wo sich **Lužnianska kotlina** ausbreitet.

Zum größten Naturreichtum der Niederen Tatra gehört der Karst, besonders vielfältig und reich entwickelt in den **Demänovské vrchy**. Der geologische Bau des Gebirges bestimmt den großen Umfang und die Typenvielfalt dieses anziehenden Naturphänomens. Die meisten **Karstgebiete** treten im Nordteil des Gebirgsmassives auf, wo sie an den breiten Streifen der Sedimentgesteine des Mesozoikum gebunden sind, wie Kalksteine und Dolomite. Die einzelnen Karstgebiete sind nach nahen Gemeinden, Tälern oder Gipfeln benannt. Es finden sich hier: Demänovský, Malužinský, Mošnický, Ľupčiansky, Ludrovský, Bystriansky, Ďumbiersky, Starohorský, Važecký, Hybský, Liptovskoteplický, Šumiacky kras und Karst im Tal Jánska dolina. Den Karst der Niederen Tatra kann man allgemein als Taltyp des Karst bezeichnen mit besser ausgebildeten unterirdischen als oberflächlichen Karstformationen. Im Inneren des Kalkstein-Dolomiten-Massives verbergen sich Hunderte von Höhlen, vorwiegend des Flußtypes. Die Höhlengänge bildeten sich größtenteils durch Flußerosion der unterirdischen Wasserläufe. Lehrbuchbeispiele von Flußhöhlen finden sich im Karst Demänovský kras, wo nur im Tal Demänovská dolina die Speläologen mehr als 170 Höhlen entdeckten. Das Flüßchen Demänovka, das im Gletscherkessel unter Ďumbier entspringt, verschwindet auf dem Fluß-Gletscher-Plateau Lúčky teilweise unter der Oberfläche. Sein Wasser gelangt durch Schlundlöcher in die Gänge des verzweigten Höhlensystemes in Demänovská dolina. Bei höherem Wasserstand fließt ein Teil des Wassers über oberflächliche Wasserläufe in tiefere Schlundlöcher. Das tiefste von ihnen ist Objavný ponor, durch das im Jahre 1921 der Entdecker A. Král mit Helfern in den Untergrund stieg und die Höhle **Demänovská jaskyňa slobody** entdeckte. Die Höhle ist Bestandteil eines gewaltigen unterirdischen Karstsystemes, genetisch verbunden mit Demänovka, zu dem noch Pustá jaskyňa, Údolná jaskyňa, Jaskyňa pod Útesom, Jaskyňa trosiek, jaskyňa Vyvieranie, Demänovská jaskyňa mieru,

Höhle Demänovská jaskyňa slobody

Pavúčia jaskyňa und Demänovská ľadová jaskyňa gehören. Das Wasser von Demänovka und seiner Nebenflüsse kehrt an mehreren Stellen zum Flußbett am Boden des Tales Demänovská dolina zurück, welches den überwiegenden Teil des Jahres auf einem langen Abschnitt völlig trocken ist. Am mächtigsten ist die Sprudelquelle an der Mündung des Tales Vyvieranie, neben dem künstlichen Eingang zu der der Öffentlichkeit bisher nicht zugänglichen Höhle Demänovská jaskyňa mieru.

Heute fließt das Flüßchen Demänovka in den tiefsten Gängen des untersten gewaltigen Höhlensystems in Demänovská dolina. In der Vergangenheit floß es höher, am Beginn des Quartärs etwa um mehr als 100 Meter über dem heutigen unterirdischen Bett. So wie sich während des Quartärs die Niedere Tatra tektonisch erhob, schnitt sich Demänovka in die Kalksteinfelsen tiefer und tiefer ein. Die Vertiefung des Bettes des unterirdischen Flüßchens verlief in Etappen, deshalb lassen sich in dem System der Höhlengänge bis zu 9 Stockwerke mit einem Gesamthöhenunterschied von 173 Metern unterscheiden. Die Demänovská jaskyňa slobody hat eine einzigartige Tropfsteinausschmückung, die sie unter die schönsten Höhlen in ganz Europa reiht. Die Gesamtlänge der Gänge beträgt mehr als 8 400 m, von denen bis heute 7 624 m vermessen werden konnten. Den Höhlenbesuchern

Vráta

stehen zwei Besichtigungstouren zur Verfügung, die längere ist 2 150 m lang, die kürzere 1 145 m. In Demänovská jaskyňa slobody finden wir eine Menge erweitertere Räume – Säle und Dome mit herrlicher Sintergestaltung. Der größte ist Veľký dóm mit einem Ausmaß von 75x45x65 m. Neben Abschnitten des unterirdischen Wasserlaufnetzes von Demänovka können die Besucher auf den Besichtigungsstrecken auch auf mehrere Höhlenseen treffen. Veľké jazero [Großer See] erreicht eine bewundernswerte Länge von 52 m und eine Tiefe von 7 m. In Demänovská jaskyňa slobody herrscht das ganze Jahr über eine verhältnismäßig ausgeglichene Temperatur von 6,1 bis 7,0 °C. Die hohe relative Luftfeuchtigkeit von 94 bis 99 % ist für speläotherapeutische Zwecke geeignet. Erfolgreich werden hier Erkrankungen der Atemwege und Allergien behandelt. In den unteren Teilen des Tales Demänovská dolina findet sich eine zweite, der Öffentlichkeit zugängliche Höhle, **Demänovská ľadová jaskyňa.** Die schon im Mittelalter bekannte Höhle ist nach Dobšinská ľadová jaskyňa im Slowakischen Paradies die zweitgrößte ihrer Art in der Slowakei. Die Eisfüllung der Höhle entstand wahrscheinlich vor 400 bis 500 Jahren. Demänovská ľadová jaskyňa ist durch Knochenfunde des Höhlenbären bekannt, die die Menschen im 18. Jahrhundert für Drachenüberreste hielten. In der Höhle leben 7 Arten von Fledermäusen. Von 1 750 m Höhlengängen dienen 850 m als Besuchertouren. An der Ostseite des Tales Demänovská dolina befindet sich in einer Höhe von 150 m über dem Niveau des Flußbettes Demänovka eine weitere bemerkenswerte Höhle **Okno.** In der Vergangenheit war sie durch den attraktiven Aufstieg durch einen Teil der Höhle Tunelová jaskyňa touristisch zugänglich. Den Besuchern bot sie einen einmaligen Ausblick auf das bizarre felsige Tal. Parallel mit Demänovská dolina führt weiter nach Osten das Tal Jánska dolina, das ebenfalls reich an Karsterscheinungen ist. Im romantischen felsigen Tal gibt es eine Menge von Höhlen, Schlundlöchern, Sprudelquellen und Falten-Bruch-Felden. Im unteren Teil des Tales findet sich die zu den ältesten bekannten Höhlen in der Niederen Tatra gehörende Höhle **Stanišovská jaskyňa.** Das Tal Jánska dolina kann sich auch der tiefsten Höhle in der Slowakei rühmen. Am Hang von Krakova hoľa (1 761 m) liegt der Eingang zur 432 m tiefen **Höhle Starý hrad**. Interessant ist auch **Ľadová priepasť** am gegenüberliegenden Ohnište (1 533 m), deren unterer Teil durch einen gewaltigen Eisblock verschlossen ist.

Höhle Važecká jaskyňa

In der Gruppe **Ďumbier**, die die höchste im Rahmen der ganzen Niederen Tatra ist, konzentrieren sich die sechs höchsten Gipfel des Gebirges einschließlich Ďumbier (2 043 m). Außer einem sind alle auf den **Hauptkamm** konzentriert, der von Sedlo pod Skalkou (1 476 m) im Westen bis zum Paß Čertovica (1 238 m) im Osten führt. Vom Hauptkamm gehen nach beiden Seiten **Gebirgsnebenkämme** ab, die sich mit mächtigen Tälern abwechseln. Der größte ist der Nebenkamm Skalky (1 980 m), der von Kotliská (1 936 m) in Richtung Süden zieht. Länger und felsiger sind die nördlichen Nebenkämme, die weiter nach Norden reichen bis zum Karst der Demänovské vrchy. Durch Bizarrheit und Schönheit stechen einige Gipfel in den nödlichen Nebenkämmen hervor, wie Siná (1 560 m), Krakova hoľa (1 751 m), Ohnište (1 533 m) mit bemerkenswerten Felsgalerien und dem bekannten Felsfenster. Die Hänge des Hauptkammes haben im Querprofil eine eindeutig asymmetrische Form. Die gewölbten, überwiegend mit Bergwiesen, stellenweise mit ausgedehnten Geröllfeldern bedeckten Hänge, sinken auf der Südseite ab, während wir an der Nordseite vorwiegend steile, durch Rinnen und Furchen

Die längsten Höhlen in der Niederen Tatra	*(in m)*
System der Demänovská Höhlen (Demänovská dolina)	über 30 000
Höhle Jaskyňa Zlomísk (Jánska dolina)	10 370
Höhle Jaskyňa mŕtvych netopierov (Trangoška)	8 000
Höhle Jaskyňa Starý hrad (Jánska dolina)	5 101
Höhle Jaskyňa v Záskočí (Jánska dolina)	5 034

zerteilte, Felshänge finden. Ursache dieser Erscheinung ist die ungleichmäßige **Vereisung** der Niederen Tatra in der Eiszeit des Paläogens. Die Nordtäler waren mehr vereist und modellierten sich in ihren Quellteilen typische Eiskar und Kessel mit flachem Boden und steilen Randhängen. Die südliche Seite des Gebirges hatte weniger Gletscher, die außerdem auch noch kleiner waren. Auf dem gesamten Gebiet der Niederen Tatra befanden sich zur Zeit der stärksten Vereisung 16 Tal - und Kargletscher. Der längste von ihnen war Kriżniansky ľadovec mit einer Länge von 6 050 m. Der Gletscher im Tal Štiavnica war ein nur um 350 m kürzerer Gletscher. Der größte Gletscher auf der Südseite des Gebirges in Bystrá dolina war 5 km lang.

Den östlichen Teil der Niederen Tatra nimmt die geomorphologische Untereinheit **Kráľovohoľské Tatry** ein. Der Hauptkamm dieses Teiles des Gebirges ist näher zum Fluß Hron verschoben, also auf die Südseite. Deshalb sind die südlichen Nebenkämme und Täler kürzer als die nördlichen. Den westlichen Teil der Kráľovohoľské Tatry bildet die flache ausgedehnte Gruppe **Priehyba.** Sie hat einen verhältnismäßig niederen Hauptkamm, der auf langen Abschnitten bis unter die obere Baumgrenze gesenkt ist. Nur im Bereich von Homôľka (1 659 m), Veľká Vápenica (1 691 m) und Andrejcová (1 189 m) steigt er bis zur Zone der Bergwiesen. Es findet sich hier die niedrigste Stelle im gesamten Kamm der Niederen Tatra – Paß Priehyba (1 189 m). Über diesen Paß führt kein öffentlicher Zugangsweg, deshalb ist der einzig mögliche Ort zur Überquerung des Gebirges mit dem Auto der um 40 m höher gelegene Paß Čertovica (1 238 m) an der Grenze zwischen Ďumbierske und Kráľovohoľské Tatry. Von den nördlichen Nebenkämmen der Gruppe Priehyba tritt, durch Größe und Mächtigkeit, der Nebenkamm mit dem breit hingestreckten Bergwiesengipfel Veľký bok (1 727 m) hervor. Der die Gipfel im Hauptkamm überragende Gipfel hatte in der Eiszeit auf der nördlichen Berglehne einen kleinen Kargletscher. Von den glatten Hängen von Veľký bok gehen im Winter oft gefährliche Lawinen ab. Im Paß Ždiarske sedlo (1 473 m) steigt der Hauptkamm auf das Gebiet der Berggruppe **Kráľova hoľa**. Der östlichste Teil des Gebirges kulminiert mit dem Gipfel Kráľova hoľa (1 946 m) mit kleinen Felsbrocken und dem Fernsehturm auf der Spitze. Dieser gewölbte Gipfel von monumentaler Form ist eine bedeutende landschaftliche Dominante in diesem Teil der Slowakei. Kráľova hoľa,

Die tiefsten Höhlen in der Niederen Tatra	*(in m)*
Höhle Starý hrad (Jánska dolina)	432
Höhle Javorová priepasť (Jánska dolina)	312
Höhle Jaskyňa mŕtvych netopierov (Trangoška)	300
Höhle Jaskyňa v Záskočí (Jánska dolina)	284
System der Demänovská Höhlen (Demänovská dolina)	173

Auf Veľký bok

erwähnt in vielen Legenden und besungen in vielen Liedern, ist zusammen mit Kriváň in der Hohen Tatra der Nationalgipfel der Slowaken.

An der Südseite sinkt das Massiv Kráľova hoľa mit kurzen Hängen, die durch kleine Täler gegliedert sind. Auf der Nordseite, wo sich in der Eiszeit drei kleinere Gletscher befanden, finden wir lange bewaldete Bergrücken und Täler. Ein Teil der Täler konzentriert sich zum flachen Becken **Teplická kotlina**. Östlich von ihm liegt die nicht hohe Randgruppe der Niederen Tatra **Predná hoľa**. Der höchste Gipfel des bewaldeten Berglandes Čertovica erreicht eine Höhe von 427 m über dem Meeresspiegel.

Nach der älteren geomorphologischen Einteilung gehörten zur Niederen Tatra auch die Starohorské vrchy und Kozie chrbty. Jetzt sind sie selbständige geomorphologische Einheiten des Fatra-Tatra-Gebietes. **Starohorské vrchy** liegen südwestlich von der Berggruppe Prašivá der Niederen Tatra. Weiter im Osten verbreitern und erheben sich **Kozie chrbty**.

Klima und Gewässer

Die Touristen müssen damit rechnen, daß in der Niederen Tatra ein **rauhes Gebirgsklima** herrscht. Am kältesten, feuchtesten und windigsten sind die Hochgebirgsteile des Gebirges, die über der oberen Waldgrenze liegen.

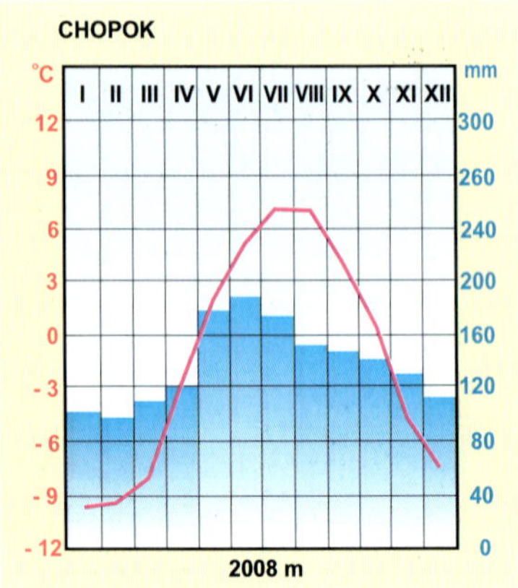

Durchschnittliche Monatstemperaturen und Niederschläge

Die **Temperaturverhältnisse** ändern sich mit der Höhe über dem Meeresspiegel. Auf den Bergwiesenkämmen beträgt die durchschnittliche Januartemperatur - 9 °C, im Juli übersteigt sie nicht 9 °C. Der Jahresdurchschnitt bewegt sich zum Beispiel auf dem Chopok um 0 °C. In den Gebirgstälern sind die Temperaturbedingungen etwas angenehmer mit durchschnittlichen Januartemperaturen annähernd um - 6 °C und Julitemperaturen von 14 °C. In den Vorgebirgsbereichen und am Bergfuß sind die angenehmsten Temperaturverhältnisse mit durchschnittlichen Januartemperaturen von - 5 °C. Die **Niederschlagsverhältnisse** sind allgemein durch die Höhe über dem Meeresspiegel gegeben, aber auch durch die Lage des Ortes im Rahmen des Gebirges. In niederen Lagen liegt die jährliche Niederschlagsmenge bei 900 mm. An der Nordwestseite des Gebirges fallen mehr Niederschläge, wo zum Beispiel Staré Hory mit einer Höhe von 486 m über dem Meeresspiegel eine durchschnittliche Niederschlagsmenge von 1 048 mm haben, was annähernd ebenso viel ist wie im östlich gelegenen Jarabá, das in einer Höhe von 823 m ü.d.M. liegt. Staré Hory liegt an der Wetterseite und Jarabá an der wetterabgewandten Seite des Gebirges. In den höchsten Lagen fallen die meisten Niederschläge, am Chopok beträgt die jährliche Niederschlagsmenge bis zu 1 600 mm, wobei ein großer Teil dieser Niederschläge in Form von Schnee fällt. Auf dem Chopok hält sich die **Schneedecke** bis zu 130 Tage im Jahr, in den nördlichen Gletschertälern sind es letztendlich mehr als 200 Tage. Vergleichsweise ist die Landschaft im Liptauer Becken annähernd 60 Tage im Jahr unter einer Schneedecke. Eine Gefahr für die Wintertouristen und Skifahrer sind die **Lawinen**, die an den steilen kahlen Hängen und Rinnen am Rande der Gletscherkessel auftreten. Wintertouristik und Skilauf realisiert man am besten in den späten Frühjahrsmonaten (April - Mai), wenn die Schneedecke stabilisiert ist. Die größte drohende Gefahr für die Sommertouristen in der Niederen Tatra ist die Unbeständigkeit des Wetters und das häufige Auftreten von **Gewittern**. Der Herbst ist die geeignete Jahreszeit für die Sommertouristik. Der Wettercharakter in der **Altweibersommer** genannten Jahreszeit zeichnet sich zwar durch niedrigere Temperaturen aus, ist dafür aber stabil und trocken. Ein relativer Nachteil ist der kürzere Tag, was Probleme bei längeren Touren machen kann. Ästhetisch sehr anziehend sind Ausflüge auf den Hauptkamm bei **Inversionswettersituationen**, die in den Herbst- und Wintermonaten auftreten. Die umgebenden Niederungen sind mit dichtem Nebel bedeckt, während auf den Gipfeln die Touristen in der Sonne „baden".

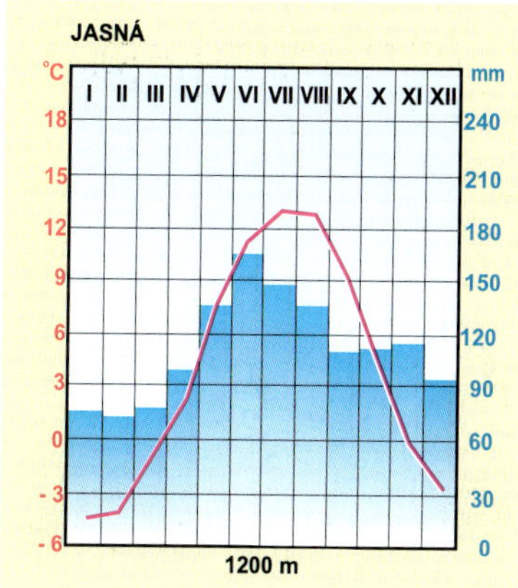

Durchschnittliche Monatstemperaturen und Niederschläge

Die Niedere Tatra bildet eine ausgeprägte **Wasserscheide** zwischen dem Stromgebiet des Váh im Norden und dem Stromgebiet des Hron im Süden. Nur ein kleines Gebiet des Gebirges in der Gruppe Predná hoľa im Osten gehört zum Stromgebiet des Hornád. Ein bedeutender Wasserscheidepunkt ist das Massiv Kráľova hoľa, das man als „Dach" der Slowakei charakterisieren kann. An seinen Hängen entspringen vier der größten slowakischen Flüsse: Čierny Váh, Hornád, Hnilec und Hron. Im nordwestlichen Teil des Gebirges ist im Prinzip ein **paralleles Flußnetz** aus verhältnismäßig wenig verzweigten Bächen gebildet. Die größten sind: Demänovka, Ľupčianka, Paludžanka und Štiavnica. Spezifikum dieses Gebietes ist das Vorhandensein eines unterirdischen Bachnetzes, das die Karstlandschaft der Demänovské vrchy durchfließt. Das Wasser kehrt aus dem Untergrund durch mehrere ergiebige Sprudelquellen an die Oberfläche, wie sie zum Beispiel in Demänovská und Jánska dolina vorkommen. Östlich vom Tal Bocianska dolina hat das Stromnetz einen etwas abweichenden Charakter. Das Hauptstromnetz ist nach Süden verschoben, was Raum für die Bildung von verzweigten Bachnetzen bildet. Das Wasserlaufnetz vereinheitlicht sich hier zu Čierny Váh, die ihr Wasser zum Liptauer Kessel bringt. Am oberen Flußlauf des Hron entwickelte sich in der Niederen Tatra ein Netz paralleler Bäche, die in den Hron münden. Länger sind sie im westlichen und südlichen Teil der Hänge, die größten sind: Bystrianka, Štiavnička, Vajskovský potok, Lomnistá und Jaseniansky potok. Im Osten gibt es nur kurze Bäche, wie zum Beispiel Šumiacky potok am Südhang von Kráľova hoľa. Einige Wasserläufe haben ein unausgeglichenes Längsprofil und es gibt an ihnen **Wasserfälle**. Brankovský vodopád in der Gruppe Salatíny ist der viertgrößte Wasserfall in der Slowakei. Er ist 55 m hoch, leidet jedoch häufig unter Wassermangel. Fünf Meter tiefer befindet sich der Wasserfall Martalúska im Quellbereich des Hnilec am Hang von Kráľova

Ďumbier

hoľa. Im Tal Vajskovská dolina befindet sich eine 30 m hohe Wasserfallkaskade. Kleinere Wasserfälle sind auch in der Umgebung von Korytnica, im Tal Hučiaky pod Salatínom, im Seitentälchen Machnaté im Tal Demänovská dolina und bei Vyšná Boca im Tal Svidovská dolina. An **Seen** ist die Niedere Tatra viel ärmer als die Hohe Tatra. Ein einzelnes natürliches Wasserbecken ist Vrbické pleso in Demänovská dolina. Es liegt in einer Höhe von 1 113 m über dem Meeresspiegel und hat eine Fläche von 6,2 ha. **Mineralquellen** treten vorwiegend am Rand der Niederen Tatra auf, wo sie die Randbruchsysteme ausnutzen. Für Heilzwecke nutzt man sie in Korytnica, wo man das Wasser auch in Flaschen füllt. Mineralwasserquellen in Liptovský Ján füllen das bekannte Thermalbad. Weitere Mineralwasserquellen von lokaler Bedeutung befinden sich in Mýto pod Ďumbierom, Magurka, Železné, Bacúch, Pohorelá, Jasenianska, Hiadeľská und Moštenická dolina.

Böden, Tier- und Pflanzenwelt

Die Niedere Tatra setzt sich aus drei verschiedenen Landschaftstypen zusammen: Wald, Bergwiesen und Felsen. Am verbreitesten ist der Waldtyp. Der **Waldwuchs** nimmt bis zu 90 % der Gebirgsfläche ein. Die Waldgesellschaften sind in Höhenzonen angeordnet. In niedrigen Lagen wachsen hauptsächlich Buchen mit Tannenbeimischung. Im Vorgebirge um Brezno finden wir Eichenbestand. Über der Buchenzone breiten sich ausgedehnte Fichtenbestände aus, die in einer Höhe von 1 150 m über dem Meeresspiegel auf der Nordseite und in 1 300 m auf der Südseite des Gebirges bis zur oberen Baumgrenze wachsen. Unter den Wäldern finden wir klastische Böden auf saurem Substrat und Rendzina auf Karbonatsubstrat. Die obere Baumgrenze wurde durch die Hirten gesenkt und befindet sich heute unter 1 500 m ü.d.M. Schäferei, Holzfällerei und Köhlerei haben auch sehr den ursprünglich ausgedehnten **Krummholzkiefernbestand** beeinträchtigt. Heute wachsen Krummholzkiefern nur auf 0,3 % der Fläche des Nationalparkes Niedere Tatra. Eine bedeutend größere Fläche nehmen Bergwiesen, örtlich hole genannt, ein. Es sind dies die verbreitesten flacheren Böden wie lithomorphe Böden und Ranker. Der Pflanzenwuchs ist am artenreichsten auf den Gebirgsnebenkämmen, die nach Norden in das aus Kalksteinen und Dolomiten gebildete Gebiet reichen. Durch reichen Blütenschmuck zeichnen sich besonders das Massiv Salatín (1 630 m), Siná (1 560 m), Krakova hoľa (1 751 m) und Ohnišťe (1 533 m) aus. Es wachsen hier zum Beispiel: Echte Kuhschelle, Gletscherhahnenfuß, Edelweiß, Gamswurz und das Glazialrelikt Silberwurz. Einen besonderen Landschaftstyp stellen die felsigen Hänge der nördlichen Täler der Niederen Tatra dar, die besonders in den Demänovské vrchy und in der Gruppe Salatíny auftreten. Neben lichten Fichtenbeständen wachsen hier Relikte des ursprünglichen Kieferbestandes, Ahorn und andere Geröllgehölze.

Ohnište

Die Tierwelt der Niederen Tatra ist ungewöhnlich bunt und von großer Artenvielfalt. Es leben hier viele Arten der höheren und niederen Lebewesen. Zahlreich sind Hoch- und Rehwild, Wildschweine, Luchse, Wölfe, Füchse und andere kleine Raubtiere. Symbol der Niederen Tatra ist der Braunbär.

Seltene Tiere kann man in der Hochgebirgslandschaft über der Baumgrenze antreffen. Es gehört die Gemse dazu, die man aus der nahen Hohen Tatra im Jahre 1969 hierherbrachte. Bis zum Jahre 1974 fanden hier 28 Stück Gamswild eine neue Heimat, die heute bis auf 80 bis 140 Stück angewachsen sind, was langsam ebenso viele sind wie in ihrem heimatlichen TANAP. In der Niederen Tatra leben auch andere aus der Hohen Tatra bekannte Arten wie der Felsenadler oder das Murmeltier.

Naturschutz

Die Naturschätze der Niederen Tatra stehen mehr als zwei Jahrzehnte unter dem Schutz des Nationalparkes Niedere Tatra (NAPANT), der auch auf die Gebiete der benachbarten geomorphologischen Einheiten Starohorské vrchy, Horehronské podolie und Kozie chrbty reicht. NAPANT rief man im Jahre 1978 aus, jedoch reicht die Geschichte des Naturschutzes in diesem

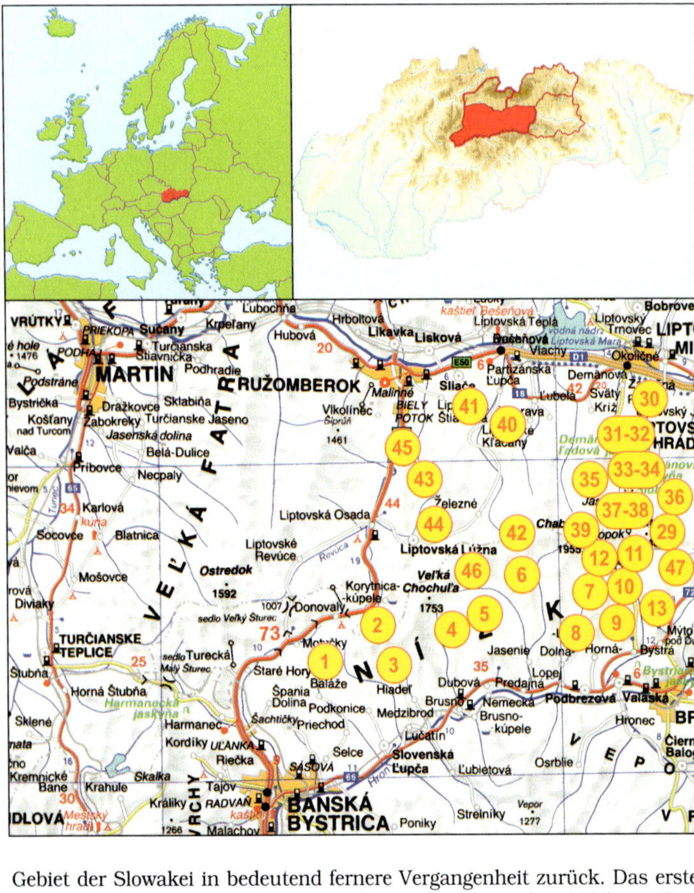

Gebiet der Slowakei in bedeutend fernere Vergangenheit zurück. Das erste Naturreservat Príboj na Horehroní rief man schon im Jahre 1895 aus. Das ursprüngliche Ausmaß des Gebietes NAPANT betrug 81 095 ha, zu dem noch eine Schutzzone mit einer Fläche von 123 990 ha gehörte. Heute hat das eigentliche NAPANT-Gebiet ein Ausmaß von 72 842 ha und ein Schutzgebiet von 110 162 ha, wodurch es auch weiterhin flächenmäßig der größte Nationalpark in der Slowakei ist. Im Osten ist NAPANT in unmittelbarer Nachbarschaft mit dem Nationalpark Slowakisches Paradies. Von der

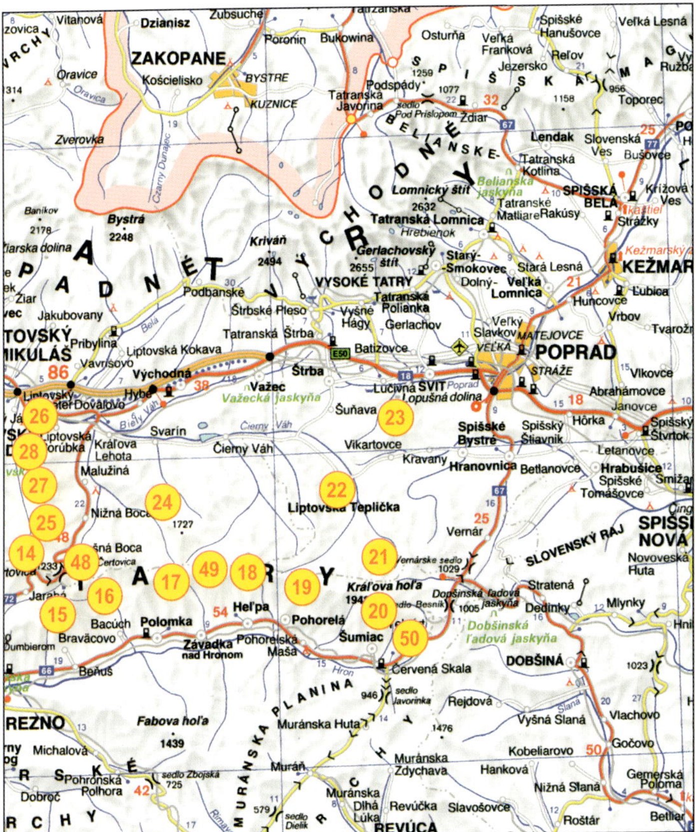

Gesamtfläche des Nationalparks sind 61 % im Besitz des Staates, der Rest gehört Gemeinden und anderen kollektiven oder individuellen Eigentümern. Nahezu 10 000 ha des Gebietes, dies sind 6 % vom gesamten NAPANT, haben eine höhere Schutzstufe im Rahmen von kleinflächigen Schutzgebieten. Insgesamt rief man 11 nationale Naturreservate, 11 Naturreservate, 5 nationale Naturdenkmäler, 6 Naturdenkmäler und 2 geschütze Areale aus. Die flächenmäßig größte ist die Naturreservation Skalka mit einer Fläche von 2 659,81 ha.

1 Über Starohorské vrchy

Donovaly – Bully – Pod Jelenskou skalou – Šachtička – Špania Dolina

Lage: Starohorské vrchy.

Ausgangspunkt: Donovaly, Haltestelle SAD, Parkplatz.

Zielpunkt: Špania Dolina, Haltestelle SAD, Parkplatz.

Zeitplan: Donovaly – Bully ½ Std. – Pri javore ¼ Std. – Kováčová 1 Std. – Pod Jelenskou skalou ¾ Std. – Horný Šturec ½ Std. – Šachtička ¾ Std. – Špania Dolina ½ Std. **Insgesamt:** 4 ¾ Stdn.

Höhenunterschied: 330 m.

Karte: Okolie Banskej Bystrice – Donovaly 1 : 50 000 (Blattnr. 100), VKÚ, š. p., Harmanec.

Schwierigkeitsgrad: Anspruchslose, leichte und bequeme Tour mit geringem Höhenunterschied. Zur besseren Orientierung tragen die Markierungen des Lehrpfades bei.

Basistour: Die Tour verläuft, mit Ausnahme des letzten Abschnittes, über den **Lehrpfad Donovaly - Šachtička**. Von **Donovaly** (980 m) gehen wir in Richtung Süden auf der Asphaltstraße am westlichen Rand der Skipisten hinauf. Auf Vrchlúka verlassen wir die rote Marke (E8, 0801) und biegen rechts auf die grüne Marke (5429) ab. Wir gelangen auf der Asphaltstraße bis zum Ende der Ansiedlung **Bully** (1 005 m). Wir gehen auf einer Feldstraße weiter und steigen kurz zur Gabelung an der Quelle **Pri javore** (1 040 m) hinauf. Der Lehrpfad biegt zusammen mit der grünen Marke an der Gabelung nach rechts ab und umgeht Hrubý vrch (1 169 m). In der malerischen, wenig gegliederten Landschaft mit Plateaus wechseln Wiesen und Wälder einander ab. Die Strecke weicht wiederum einer Erhöhung aus, von Süden umgeht sie Krčahy (1 129 m) und danach auch Koškov vrch (1 131 m). Wir steigen auch nicht auf Jelenská skala (1 153 m) hinauf. Man kann zu ihm auf der Wiese **Pod Jelenskou skalou** (1 020 m) nach rechts auf einen unmarkierten Weg abbiegen. Von der Wiese gehen wir auf sich leicht neigendem Terrain weiter, das sich in hohem Buchenwald versteckt. Unter dem Gipfel Žiare (1 045 m) befindet sich eine Gabelung im Sattel **Horný Šturec**. Die gelbe Marke führt rechts zum nahen Sattel Dolný Šturec und danach weiter auf Staré Hory hinauf. Unsere grüne Marke führt uns in Richtung Süden bis zum Sattel **Šachtička** (950 m). Nach einer angenehmen Erfrischung im hiesigen Berghotel beginnen wir den abschließenden Teil unserer Tour. Wir verlassen den Lehrpfad, der auf der blauen Marke bis zur Siedlung Sásová in Banská Bystrica führt. Wir biegen rechts ab und halten uns an die grüne und blaue Markierung. Ein steiler steiniger Weg bringt uns bis nach **Špania Dolina** (710 m). Die Gemeinde liegt am Ende des Tales Banská dolina und ist ein herrlicher Höhepunkt unseres Ausfluges. Sie bietet uns viele Sehenswürdigkeiten und Denkmäler aus ihrer reichen Bergbaugeschichte.

Špania Dolina

2 Kozí chrbát von Donovaly aus

Donovaly – Kečka – Kozí chrbát – Hiadeľské sedlo – Korytnica-kúpele

Lage: Starohorské vrchy.
Ausgangspunkt: Donovaly, Haltestelle SAD, Parkplatz.
Zielpunkt: Korytnica-kúpele, Haltestelle SAD, Parkplatz.
Zeitplan: Donovaly – Polianka ½ Std. – Kečka 1 ¼ Stdn. – Kozí chrbát 1 Std. – Hiadeľské sedlo ½ Std. – Sedlo pod Babou ½ Std. – Korytnica-kúpele ½ Std.
Insgesamt: 4 ¼ Stdn.
Höhenunterschied: 500 m.
Karte: Okolie Banskej Bystrice – Donovaly 1 : 50 000 (Blattnr. 100), VKÚ, š. p., Harmanec.

Schwierigkeitsgrad: Anspruchslose, leichte und bequeme Tour mit geringem Höhenunterschied und guter Orientierung. Sie führt nicht bis ins Hochgebirge.

Basistour: Von **Donovaly** (980 m) gehen wir auf der roten Marke in Richtung Süden. Wir benutzen ein kurzes Stück Cesta hrdinov SNP (E8, 0801), Bestandteil der Kammtour der Niederen Tatra (siehe Tour Nr. 46). Der erste Abschnitt verläuft auf einer Asphaltstraße, die leicht den Hang hinauf zum westlichen Rand der Skipisten unter dem Gipfel Baník führt. Eine feste Straße verläuft zur Ansiedlung **Polianka** (1 043 m). Auf einer Waldstraße steigen wir etwas steiler den bewaldeten Hang des Plateaus **Barania hlava** (1 101 m) hinauf. Auf dem Plateau erreichen wir eine Höhe von 1 030 m über dem Meeresspiegel. Am Rande des Plateaus steigen wir leicht zu dem flachen Wiesensattel **Moštenické sedlo** (1 050 m) hinab, hinter dem der kurze steile Aufstieg auf den kahlen gerundeten Gipfel **Kečka** (1 225 m) folgt. Eine

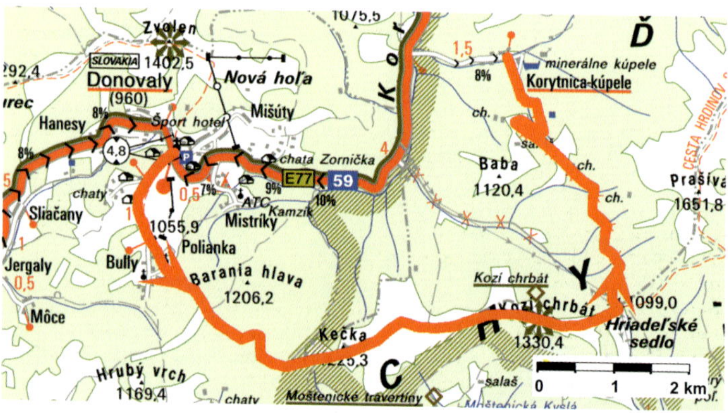

Kozí chrbát

offene Wiesenlandschaft mit schöner Aussicht wird uns auf dem höchsten Kamm der Starohorské vrchy bis zum Sattel Hiadeľské sedlo begleiten. Der markierte Weg führt über den höchsten Gipfel des Gebirges **Kozí chrbát** (1 330 m) und von dort zum Sattel Hiadeľské sedlo (1 099 m) an der Grenze zwischen Starohorské vrchy und Niederer Tatra. Bei ungünstigem Wetter kann man Kozí kameň links in einer Traverse am nördlichen Bergfuß umgehen. Die gleichfalls zum Sattel **Hiadeľské sedlo** führende Traverse ist gelb markiert (8432). Im Sattel verlassen wir den Kammweg und biegen links auf die blaue Marke (2623). Die Strecke führt nicht in das tiefe Tal Barborina, sondern verläuft in einer Traverse am westlichen Bergfuß des Massivs Prašivá. Auf einem langen Abschnitt hat sie einen nahezu waagerechten Verlauf. Sie überwindet die einzelnen steilen, Úplazy genannten Täler. Ein Stück hinter dem Sattel Hiadeľské sedlo steht am Weg eine Gedenktafel zur Erinnerung an die Fallschirmjägerbrigade während des Slowakischen Nationalaufstandes SNP im Jahre 1944. Hinter Predný Úplaz geht die Tour leicht bergab zum Sattel **Sedlo pod Babou** (949 m). Im Sattel befinden sich Hütten und ein kleiner Skilift. Es lohnt sich wegen der schönen Aussicht links zum nahen Gipfel **Baba** (1 120 m) abzubiegen. Es führt ein unmarkierter Weg hinauf. Vom Sattel gelangen wir auf einer blau markierten Waldstraße zum Ende des Tales Medokýšna dolina, das wir bequem bis zu unserem Ziel **Korytnica-kúpele** (830 m) hinuntergehen. Der Kurort bietet uns als Erfrischung Wasser aus den dortigen ergiebigen Mineralwasserquellen.

3 Kozí chrbát von Hiadeľ aus

Hiadeľ - Hiadeľské sedlo - Kozí chrbát - Kyslá - Moštenica

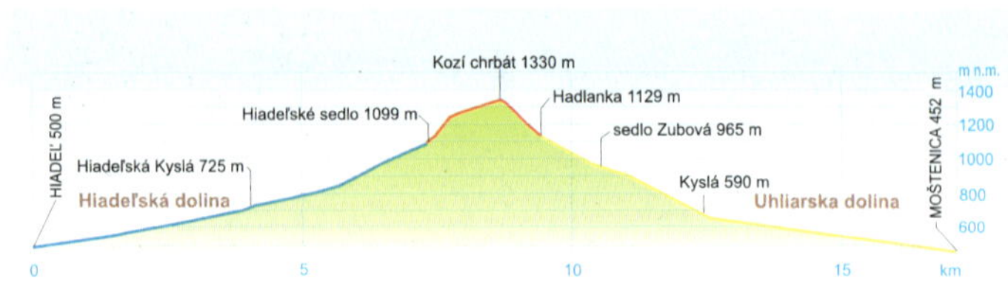

Lage: Starohorské vrchy.
Ausgangspunkt: Hiadeľ, Haltestelle SAD, Parkplatz.
Zielpunkt: Moštenica, Haltestelle SAD, Parkplatz.
Zeitplan: Hiadeľ - Hiadeľská kyslá 1 Std. - Hiadeľské sedlo 1 ¼ Stdn. - Kozí chrbát ¾ Std. - Hadlanka ¼ Std. - Zubová ½ Std. - Kyslá ½ Std. - Moštenica 1 Std.
Insgesamt: 5 ¼ Stdn.
Höhenunterschied: 878 m.
Karte: Okolie Banskej Bystrice - Donovaly 1 : 50 000 (Blattnr. 100), VKÚ, š. p., Harmanec.

Schwierigkeitsgrad: Mittelschwere und anspruchsvolle Tour mit anstrengendem Abschnitt beim Aufstieg zum Sattel Hiadeľské sedlo und dann weiter auf Kozí chrbát hinauf.
Basistour: Wir starten an der Autobushaltestelle am oberen Ende der Gemeinde **Hiadeľ** (500 m). Der Aufstieg bis zum Sattel Hiadeľské sedlo ist blau markiert (2623). Über eine Asphaltstraße gelangen wir weit hinauf ins Tal **Hiadeľská dolina**. An der Einmündung eines Seitentales kommen wir am Forsthaus Vážna vorbei, das sich links von der Straße im Wald befindet. Ungefähr einen Kilometer hinter dem Forsthaus können wir uns am eisenhaltigen Sauerbrunnen aus der eingefaßten Quelle **Hiadeľská kyslá** (725 m) erfrischen. Am Denkmal SNP in **Prostredný grúň** (1 099 m) verläßt die Strecke in einer großen Serpentine am östlichen Hang das Tal und steigt danach auf den steil ansteigenden bewaldeten Rücken. In

Tal Hiadeľská dolina

der Achse des Rückens biegen wir von der Straße links auf einen alten feuchten Hohlweg ab. Ihn steil hinaufsteigend erreichen wir den Wiesensattel **Hiadeľské sedlo** (1 099 m). Im Sattel gehen wir in umgekehrter Richtung wie bei den Touren Nr. 2 und Nr. 46 weiter. Mit der roten Marke (E8, 0801) steigen wir auf den Gipfel von **Kozí chrbát** (1 330 m) mit einer schönen Aussicht auf Starohorské vrchy und die Gruppe Prašivá in der Niederen Tatra. Zur Gabelung im Sattel **Hadlanka** (1 129 m) hinter Kozí chrbát können wir auch durch Umgehung des höchsten Gipfels der Starohorské vrchy in einer Traverse an seinem Nordhang gelangen. An der Gabelung biegen wir nach links und auf der gelben Marke (8432) und einer schrägen Traverse, diesmal im südlichen Hang von Kozí chrbát, kommen wir zum Sattel **Zubová** (965 m). Die Strecke vom Sattel verläuft nahezu in der Gegenrichtung. Sie verläuft steil bergab im Ende des Tales Uhliarska dolina zuerst durch Wald und danach tiefer über Wiesen bis zur Quelle **Jegorovov prameň** (655 m). Hier lohnt sich ein kleiner Abstecher zu den Travertinterrassen des Naturdenkmales **Moštenické travertíny**. Auf dem Weg zu diesen kommen wir an der Quelle **Na Kanceľ** vorbei. Von der Quelle Jegorovov prameň führt eine Asphaltstraße das Tal hinunter an Hütten und Erholungseinrichtungen der Ansiedlung **Kyslá** (590 m) vorbei. Ungefähr eine Stunde laufen wir bequem das Tal Uhliarska dolina hinunter bis zur Gemeinde **Moštenica** (452 m), wo unsere Tour endet.

4 Veľká Chochuľa

Brusno - Sopotnická dolina - Veľká Chochuľa - Ráztocká hoľa - Ráztoka

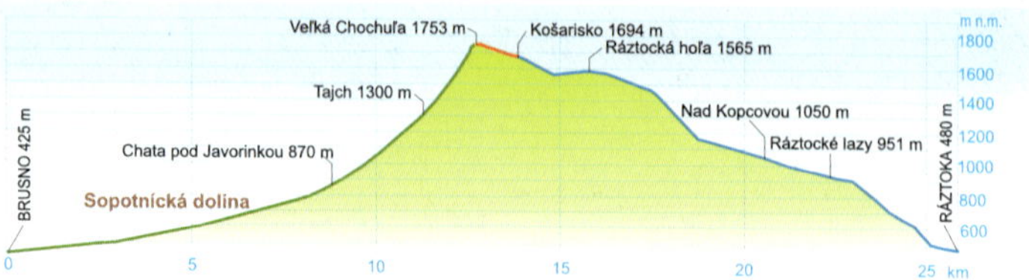

Lage: Niedere Tatra (Süden) - westlicher Teil.

Ausgangspunkt: Brusno, Haltestelle SAD, Parkplatz.

Zielpunkt: Ráztoka, Haltestelle SAD, Haltestelle ŽSR, Parkplatz.

Zeitplan: Brusno - Chata pod Javorinkou 2 ½ Stdn. - Tajch ¾ Std. - Veľká Chochuľa 1 Std. - Košarisko ¼ Std. - Ondrejská hoľa ½ Std. - Ráztocká hoľa ½ Std. - Nad Kopcovou 1 ¼ Stdn. - Ráztocké lazy ¼ Std. - Ráztoka ¾ Std. **Insgesamt:** 7 ¾ Stdn.

Höhenunterschied: 1 328 m.

Karte: Okolie Banskej Bystrice - Donovaly 1 : 50 000 (Blattnr. 100), VKÚ, š. p., Harmanec.

Schwierigkeitsgrad: Schwere und anspruchsvolle ganztägige Hochgebirgstour, besonders anstrengend wegen des großen Höhenunterschiedes.

Basistour: Der Bahnhof in **Brusno** (425 m), wo unsere Tour beginnt, liegt am linken Ufer des Flusses Hron. Der grünen Marke (5442) folgend gehen wir über die Brücke auf die andere Uferseite. Am oberen Ende der Gemeinde gehen wir unter der Hauptstraße hindurch und auf einer Asphaltstraße das Tal **Sopotnická dolina** hinauf. Die Asphaltstraße führt bis zur Jagdhütte **Chata pod Javorinkou** (870 m), von wo aus wir auf einer Waldstraße unseren Weg fortsetzen. Unterhalb einer weiteren Jagdhütte **Tajch** (1 300 m) verläßt die Tour den Boden des Tales und steigt auf einem Weg durch Buchenwald hinauf. Kurz darauf betreten wir die kahle Gipfellandschaft. Hier muß man aufmerksam die Markierung auf Steinen, Kreisen und Stämmen der Krummholzkiefern suchen, denn der Weg verliert sich stellenweise. Über der Krummholzkiefernregion wird der Aufstieg steiler. Auf den Hauptkamm steigen wir in einem flachen kleinen Sattel westlich vom Hauptgipfel **Veľká Chochuľa** (1 753 m). Von dem schönen Aussichtsgipfel auf dem Kamm Prašivá werden wir auf dem Kammweg mit der roten Marke (E8, 0801) weitergehen. Auf dem Weg Cesta hrdinov SNP bleiben wir aber nur kurz, denn an der Gabelung **Košarisko** (1 694 m) biegen wir rechts auf einen blau markierten Weg (2622) ab. Der Weg sinkt leicht auf den kahlen Rücken der hohen Seitengebirgskämme Ondrejská und Ráztocká hoľa ab. An verschiedenen Stellen verläuft er durch Einschnitte in dem Krummholzkiefernbestand. Der Weg weicht rechts **Ondrejská hoľa** (1 592 m) aus. Auf einem längeren Stück verläuft er südlich vom Kamm des Seitengebirgszuges. Vom Wegweiser führt ein Gipfelzeichen auf den Gipfel **Ráztocká hoľa** (1 565 m). Von seinem kahlen Gipfel bietet sich ein schöner Ausblick auf den Hauptkamm der Niederen Tatra. Nach der Rückkehr zum Wegweiser steigen wir an der südlichen Seite des Kammes des Nebengebirgszuges hinab. Durch steilen Abstieg kommen wir sehr schnell in die Waldregion. Auf **Polianky** wird das Profil des Weges etwas gemäßigter und der Abstieg erfolgt auf dem Rücken zur gering ausgeprägten Erhebung **Matúšová** (1 176 m) hinab, der man rechts ausweicht. Auf der Gabelung im Sattel **Nad Kopcovou** (1 050 m) biegt von unserer Strecke die gelbe Marke ab, die in der Gemeinde Pohronský Bukovec endet. Auf der gegenüberliegenden Seite der Gabelung befindet sich in einer flachen Senke ein rundlicher Wiesenrücken, der eine schöne Aussicht bietet. Wir steigen vom Sattel auf der blauen Marke auf die grasbewachsenen **Ráztocké lazy** (951 m). Die Straße windet sich auf dem rundlichen abgestuften Rücken zwischen Wiesen und Feldern. Vor einer Sandgrube biegen wir links ab und gehen links den Hang hinunter zur nahen Gemeinde **Ráztoka** (480 m).

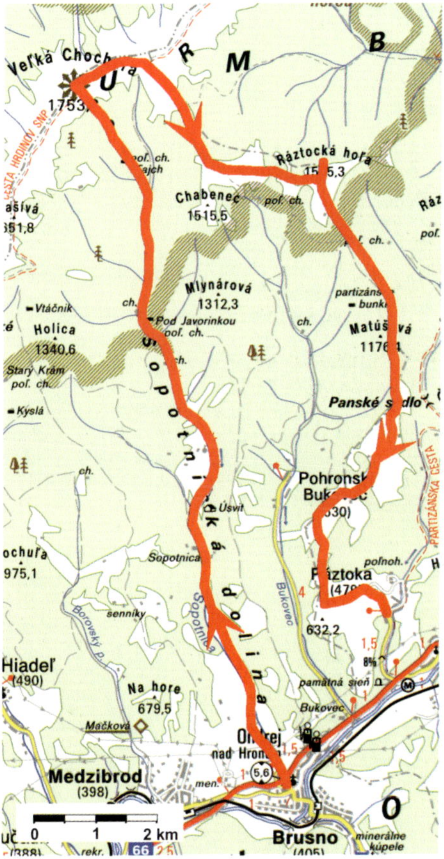

5 Ráztocké lazy

Pohronský Bukovec - Ráztocké lazy - Panské sedlo - Nemecká

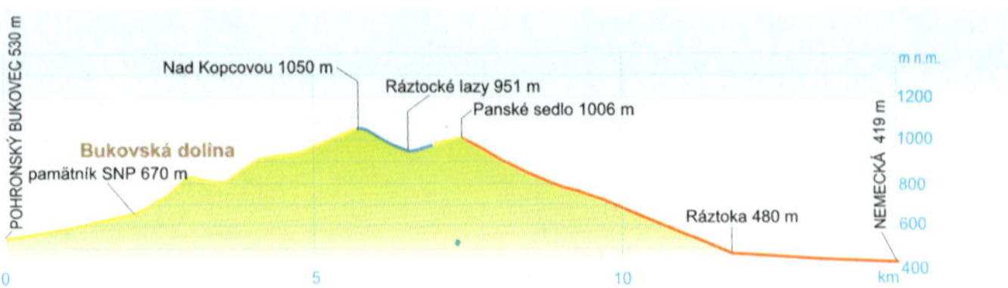

Lage: Niedere Tatra (Süden) - westlicher Teil, Horehronské podolie.

Ausgangspunkt: Pohronský Bukovec, Haltestelle SAD, Parkplatz.

Zielpunkt: Nemecká, Haltestelle SAD, Haltestelle ŽSR, Parkplatz.

Zeitplan: Pohronský Bukovec - SNP-Denkmal ¾ Std. - Nad Kopcovou 1 ¼ Stdn. - Ráztocké lazy ¼ Std. - Nad Kopcovou ¼ Std. - Panské sedlo ¼ Std. - Ráztoka 1 Std. - Nemecká 1 Std.

Insgesamt: 4 ¾ Stdn.

Höhenunterschied: 631 m.

Karte: Okolie Banskej Bystrice - Donovaly 1 : 50 000 (Blattnr. 100), VKÚ, š. p., Harmanec.

Schwierigkeitsgrad: Mittelschwere und anspruchsvolle Halbtagstour mit verhältnismäßig großem Höhenunterschied. Die Orientierung ist auf dieser, nicht in das Hochgebirge reichenden, über der oberen Baumgrenze verlaufenden Tour problemlos.

Basistour: Von der Sauerbrunnenquelle in der Gemeinde **Pohronský Bukovec** (530 m) gehen wir auf der gelben Marke (8451) das Tal **Bukovská dolina** hinauf. In dem im Jahre 1945 von den Faschisten niedergebrannten Dorf machen wir einen Moment am Gemeindeamt Halt, an dem sich eine Gedenktafel befindet. Man schreibt hier, daß die deutschen Truppen im November 1944 hier die Generäle Golian und Viest gefangennahmen, die an der Spitze des Slowakischen Nationalaufstandes standen. Eine befestigte Straße führt am Grunde des Tales um das Forsthaus herum zum SNP-Denkmal, das an die Anwesenheit der Partisanenbrigade A. S. Jegorov im Tal während des Aufstandes erinnert. Die bewegenden Ereignisse des Jahres 1944 demonstriert auch eine weitere Hal-

Prašivá

testelle auf der Ausflugstour bei den rekonstruierten **Partisanenbunkern** (900 m) im Tal Matúšova dolina. Von den Bunkern steigt der Weg leicht in einer Traverse auf den bewaldeten westlichen Hang von Matúšova (1 176 m) und führt zur Gabelung im Sattel **Nad Kopcovou** (1 050 m). Der Wiesenrücken südöstlich vom Sattel bietet einen schönen Ausblick auf den oberen Flußlauf des Hron. Für weitere Ausblicke in die Landschaft muß man auf der blauen Marke (2622) hinunter nach **Ráztocké lazy** (951 m) gehen. Wir kehren ein Stück bis zur Gabelung zurück. Durch Abbiegen nach Osten kommen wir zu einer kurzen, gelb markierten Verbindung, die uns schon bald zum Sattel **Panské sedlo** (1 006 m) bringt. Von hier aus verläuft die sog. Partisanenstraße, ein rot markierter Weg (0816), der die Gemeinden Nemecká und Tále verbindet. Wir biegen nach rechts und benutzen ein Stück diese Straße, die sich nach Süden wendet. Im oberen Teil des Abstieges verläuft die Strecke auf einer Waldstraße durch nasse Wiesen um eine Quelle an einer Jagdhütte herum. Tiefer wendet sie sich zum Tal Ráztocký potok. Neben dem Bach, nun schon gemäßigter herabsteigend, kommen wir zur Gemeinde **Ráztoka** (480 m). Wir gehen auf der Straße zum östlichen Rand der Gemeinde und auf der Hauptstraße bis nach **Nemecká** (419 m). Vor dem Dorf kommen wir an einem weiteren **SNP-Denkmal** vorbei.

6 Ďurková von Jasenie aus

Jasenie – Lomnistá dolina – Ďurková – Jasenianska dolina – Jasenie

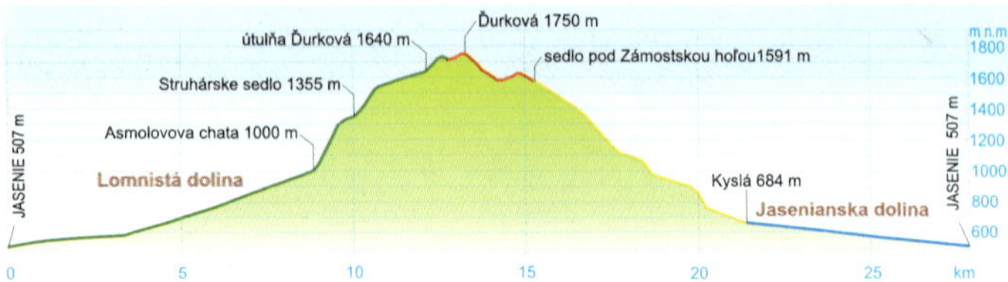

Lage: Niedere Tatra (Süden) - westlicher Teil.
Ausgangs- und Zielpunkt: Jasenie, Haltestelle SAD, Parkplatz.
Zeitplan: Jasenie - Lomnistá dolina-Gabelung ¾ Std. - Struhárske sedlo 1 ½ Stdn. - Sedlo Ďurková 1 Std. - Ďurková ¼ Std. - Zámostská hoľa 1 Std. - Kyslá 1 ½ Stdn. - Predsuchá 1 ¼ Stdn. - Jasenie ¼ Std.
Insgesamt: 8 Stdn.
Höhenunterschied: 1 243 m.
Karte: Nízke Tatry - Chopok 1 : 50 000 (Blattnr. 122), VKÚ, š. p., Harmanec.

Schwierigkeitsgrad: Schwere und anspruchsvolle ganztägige Hochgebirgstour mit großem Höhenunterschied.
Basistour: Ausgangspunkt der Tour ist die Gemeinde **Jasenie** (507 m), von der aus wir auf der grünen Marke (5607) das Tal hinaufgehen. Hinter der Gemeinde befindet sich vor der Brücke über den Bach die Gabelung im Tal **Lomnistá dolina** (550 m), an der wir rechts in das Tal Lomnistá dolina abbiegen. Die Straße verläuft am rechten Ufer des Baches Lomnistá entlang. Wir kommen nacheinander am Hotel Lomnistá, am Schwimmbad und der Hüttensiedlung vorbei, die sich am Bach befinden. Bis zur nächsten Gabelung laufen wir ein kurzes Stück auf der rot markierten sog. Partisanenstraße (0816). Wir biegen an der nächsten Gabelung links ab und steigen weiter das Tal Lomnistá dolina hinauf, das sich in diesem Abschnitt deutlich verengt. Die Straße führt uns bis zur Hütte **Asmolovova chata** (1 000 m), in deren Nähe sich Gräber und Bunker aus der Zeit des SNP befinden. Die gelb markierte Straße (8448) führt das Tal hinauf bis zum Denkmal **Pamätník Jana Švermu**. Unser Weg biegt hinter dem Parkplatz auf eine alte grün markierte Waldstraße. Die Straße steigt durch den Wald hinauf und überwindet die Höhe des Hanges mit Hilfe von Serpentinen. Sie kommt zum Sattel **Struhárske sedlo** (1 355 m), der sich im Kamm zwischen den Tälern Lomnistá und Jasenianska dolina befindet. Das Profil des Aufstieges erlaubt uns keine Erholungspause, denn vom Sattel steigt der Weg steil zum grasbewachsenen Hang unter dem Hauptkamm des Gebirges an. Nur im mittleren Teil mildert sich der Aufstieg zeitweise durch den Übergang auf eine waagerechte Straße

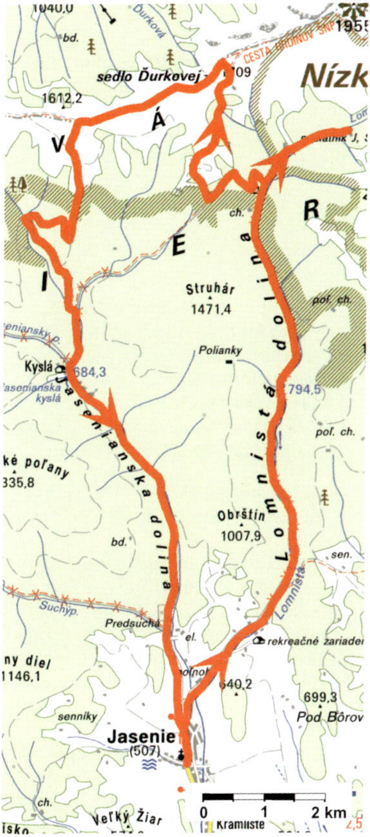

bis zur erneuerten Schutzhütte unter dem Sattel Sedlo Ďurková (1 640 m) mit einer Quelle. Eine kurze Erholung in der Schutzhütte gibt uns die nötige Energie für den kurzen abschließenden Aufstieg zur Gabelung (1 730 m) oberhalb des Sattels **Sedlo Ďurková** (1 709 m). Hier steigen wir endlich auf den Hauptkamm der Niederen Tatra. Den Kammweg Cesta hrdinov SNP mit der roten Markierung (E8, 0801) benutzen wir nur auf einem kurzen Stück in westlicher Richtung bis zum flachen Sattel unter **Zámostská hoľa** (1 591 m). Zwischen den beiden Satteln müssen wir eine ausgeprägtere Erhebung überwinden, **Ďurková** (1 750 m), dem höchsten Punkt unserer Tour. Von hier gehen wir in westlicher Richtung weiter und im Sattel unter Zámostská hoľa biegen wir vom Kammweg ab. Wir gehen links auf der gelben Marke (8448) weiter. Noch oberhalb der Baumgrenze kommen wir an einer Sennhütte mit einer Quelle vorbei. Über den grasbewachsenen Rücken gehen wir auf der alten Straße durch Fichtenbestand am Hang des Tales **Gelfusová dolina** weiter. Mit Serpentinen steigt die Straße zum Tal hinab, wo wir an der linken Seite des Baches weitergehen. An der Einmündung in das Tal Šifrová dolina befindet sich eine Gabelung, an der wir rechts auf die blaue Marke (2639), die zum Erholungszentrum **Kyslá** (684 m) führt, abbiegen. Nach einer Erfrischung mit dem vorzüglichen Sauerbrunnen aus der Quelle **Jasenianska kyslá** erwartet uns ein langer aber bequemer Abstieg durch das Tal **Jasenianska dolina**. Am Forsthaus **Predsuchá** (650 m) kommen wir an einem kleinen Wasserwerk vorbei. Vom Forsthaus erreichen wir nach einem halbstündigen Marsch das Ziel unserer Tour in der Gemeinde **Jasenie**.

7 Skalka

Krpáčovo - Skalka - Kotliská - Vajskovská dolina - Krpáčovo

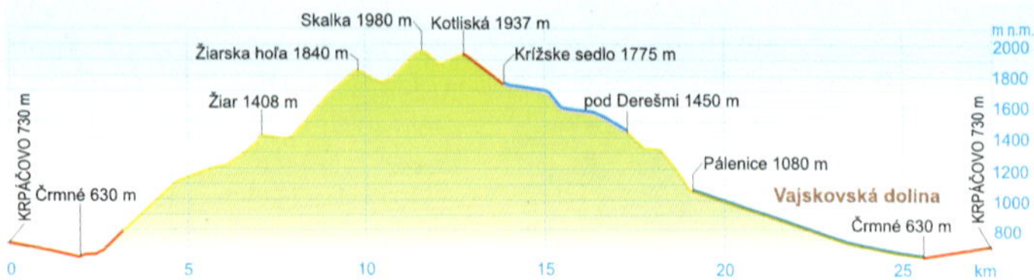

Lage: Niedere Tatra (Süden) - westlicher Teil.
Ausgangs- und Zielpunkt: Krpáčovo, Haltestelle SAD, Parkplatz.
Zeitplan: Krpáčovo - Črmné ½ Std. - Strmý vŕštek ½ Std. - Pálenička 1 ½ Stdn. - Žiarska hoľa 1 Std. - Skalka ¾ Std. - Kotliská ¼ Std. - Krížske sedlo ½ Std. - Pálenice 2 Stdn. - Dve vody 1 ½ Stdn. - Črmné ½ Std. - Krpáčovo ½ Std.
Insgesamt: 9 ½ Stdn.
Höhenunterschied: 1 350 m.
Karte: Nízke Tatry - Chopok 1 : 50 000 (Blattnr. 122), VKÚ, š. p., Harmanec.

Schwierigkeitsgrad: Schwere und anspruchsvolle ganztägige Hochgebirgstour mit großen Höhenunterschieden. Es gibt mehrere steile Auf- und Abstiege auf ausgebauten Wegen.
Basistour: Von der Autobusendstation am Hotel Biotika in **Krpáčovo** (730 m) gehen wir auf der roten Marke (0816) in westlicher Richtung. Die am Fuß des Gebirges verlaufende Asphaltstraße verlassen wir am Denkmal auf der Bergwiese **Črmné** (630 m) im unteren Teil des Tales Vajskovská dolina. An der Gabelung, wo sich die Strecke mit der grünen Marke trifft, führt eine befestigte Straße über den Bach Vajskovký potok und verläuft weiter nach Westen. Von der Brücke ab kommt zur roten Marke auch die gelbe (8447) hinzu, der wir bis zum Ende des Aufstieges auf den Hauptkamm der Nieder-en Tatra folgen werden. Hinter der Mündung des Tales Borové steigen wir einen steileren Hang hinauf zu **Strmý vŕštek** (809 m). An der Gabelung biegen wir rechts auf eine zum bewaldeten Rücken, auf die Bergwiese **Pálenička** (1 120 m), hinaufsteigende Waldstraße ab. Der Aufstieg ist anstrengend. Von der Bergwiese geht die Steigung bis zum flachen Sattel unter Žiar (1 300 m) weiter. Von ihm führt eine kurze schroffe Stufe auf den felsigen Gipfel **Žiar** (1 408 m). Das weitere Terrain befindet sich schon oberhalb der Baumgrenze und ist mit Krummholzkiefern bedeckt. Die Aufstiegsstrecke führt auf dem Rücken weiter nach Osten. Auf dem Wege kommen wir an einer Felsgruppe mit dem Namen Bosorky vorbei, hinter der sich die rundliche Erhöhung **Žiarska hoľa** (1 840 m) erhebt. Der Gipfel liegt rechts vom Wege und er bietet eine wirklich herrliche Aussicht. Es stellen sich uns nun noch die höchsten Teile des Nebengebirgszuges in den Weg. Nach ihrer

Bewältigung gelangen wir auf den Gipfelkamm **Skalka** (1 980 m), der der höchste Nebenkamm in der gesamten Niederen Tatra ist. Von Skalka bietet sich ein herrlicher Rundblick. Auf dem schmalen, sich leicht senkenden Kamm gehen wir nach **Kotliská** (1 937 m), wo wir uns nun endlich auf dem Hauptkamm der Niederen Tatra befinden. Von hier aus gehen wir in nordöstlicher Richtung zum Sattel **Krížske sedlo** (1 775 m) weiter, wo wir rechts in das Tal Vajskovská dolina abbiegen. Die Abstiegsstrecke verläuft auf der blauen Marke (2626) in schrägen Traversen am südlichen Hang von Dereše und weiter durch die Krummholzkiefernregion sowie durch eine Serie von Rinnen. Auf einem kurzen Stück berührt der Weg die obere Grenze des Fichtenwaldes. An der Gabelung (1 450 m), auf den Karten als **Drevenica pod Derešmi** bezeichnet (die alte Sennhütte steht einige Meter weiter), biegen wir rechts auf einen steil abfallenden, gelb markierten Weg (8443) und gehen bis zum Grund des Tales Vajskovská dolina hinunter. Auf der Bergwiese **Pálenice** (1 080 m) kommen wir an einem bemerkenswerten technischen Werk vorbei. Die Mitarbeiter der Verwaltung NAPANT erneuerten hier am Bach die sog. „šroty", eine Einrichtung zum Herabflössen des Holzes. Wenn es uns die Zeit erlaubt, lohnt sich ein Abstecher zum nahen Wasserfall Vajskovský vodopád. Wir benötigen dazu etwa jeweils eine Stunde für Hin- und Rückweg. Der Marsch durch das Tal Vajskovská dolina auf der befestigten Straße ist zwar lang, aber dank der ungewöhnlichen Naturschönheiten insgesamt interessant. Von der Jagdhütte **Dve vody** (710 m) kehren wir dann schon auf einer bequemen Straße über die Bergwiese **Črmné** nach **Krpáčovo** zurück.

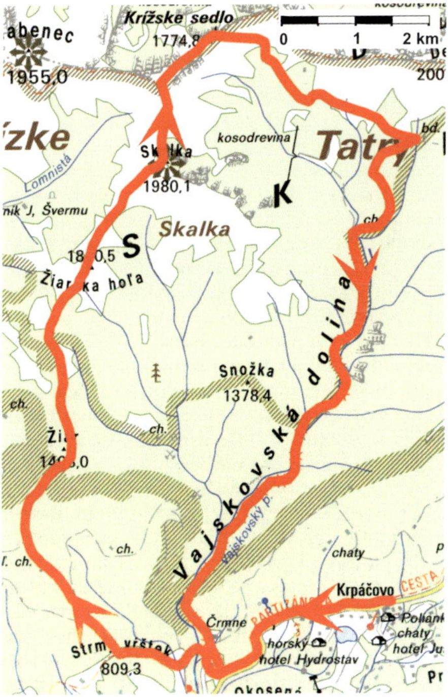

8 Um Krpáčovo und Lehoty herum

Krpáčovo – Horná Lehota – Dolná Lehota – Krpáčovo

Lage: Niedere Tatra (Süden) - westlicher Teil.
Ausgangs- und Zielpunkt: Krpáčovo, Haltestelle SAD, Parkplatz.
Zeitplan: Krpáčovo - Prameň Sama Chalupku ½ Std. - Horná Lehota 1 Std. - Dolná Lehota ¾ Std. - Črmné 1 Std. - Krpáčovo ½ Std.
Insgesamt: 3 ¾ Stdn.
Höhenunterschied: 250 m.
Karte: Nízke Tatry - Chopok 1 : 50 000 (Blattnr. 122), VKÚ, š. p., Harmanec.

Schwierigkeitsgrad: Leichter, bequemer und anspruchsloser Spaziergang auf befestigten Straßen und Wegen. Ein Abschnitt der Basistour zwischen den beiden Dörfern ist nicht als Wanderweg markiert.
Basistour: Zu dem angenehmen anspruchslosen Spaziergang durch die malerische Landschaft des Vorgebirges der Niederen Tatra brechen wir vom Erholungszentrum **Krpáčovo** (730 m) auf. Vom Hotel Junior müssen wir auf die gelbe Marke (8429) kommen, die ein Stück nach Osten geht und später hauptsächlich in südlicher Richtung verläuft. Die Straße in Richtung Süden folgt dem Bach Hnusné. Hinter Lichtungen in der Nähe des Baches befindet sich die nach dem Dichter der Štúrgruppe Samo Chalupka (1812-1883) benannte Quelle **Prameň Sama Chalupku** (650 m), der im nahegelegenen Horná Lehota geboren wurde und hier auch starb. Unterhalb der Quelle führt die Strecke über eine Brücke auf das rechte Ufer des Baches und folgt diesem mehr als 2 km. Über eine weitere Brücke gelangen wir wieder auf die rechte Seite des Tales, wo die Straße schräg den bewaldeten Hang zur Hochebene Lúčky hinaufsteigt. Von der Hochebene neigt sich die Straße ins Tal, durch das wir bis zur Gemeinde **Horná Lehota** (640 m) gehen. Von der unteren Kirche gehen wir auf der Hauptstraße nach Norden und biegen in die erste kleine Seitenstraße links ein. Von der kleinen Straße gehen wir auf einer Feldstraße in Richtung Westen nach **Dolná Lehota** (480 m) weiter. Die Straße verbindet sich am oberen Ende dieses Dorfes mit einer Asphaltstraße. Wir biegen rechts ab und verfolgen die grüne Marke (5427). An den umliegenden Hängen sind mehrere interessante Karsterscheinungen, wie zum Beispiel kleine Höhlen und Rillen zu sehen. Eine bequeme Asphaltstraße bringt uns an die

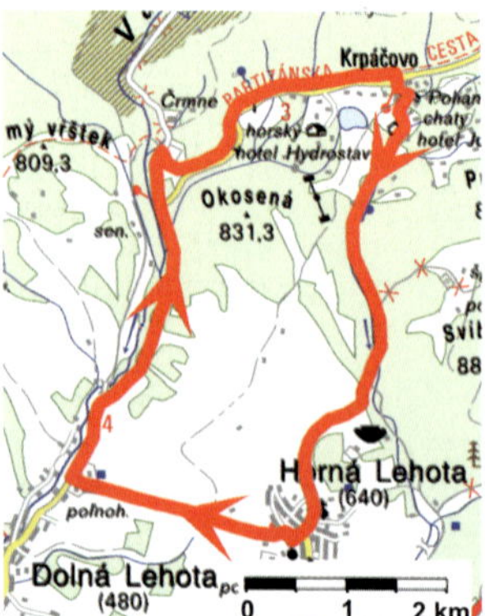

Krpáčovo

Mündung des Tales Vajskovská dolina, wo sich das Forsthaus **Črmné** (640 m) befindet. An der Gabelung an der Bergwiese unterhalb des Forsthauses biegen wir nach rechts auf die rote Marke (0816). Wir laufen in Richtung Osten auf dem Vorgebirgswanderweg, der auch Partisanenweg genannt wird. Nach nicht ganz einem Kilometer kehrt die Strecke beim Denkmal SNP wieder auf die Asphaltstraße zurück, auf der wir nach **Krpáčovo** kommen.

9 Um Krpáčovo und Tále

Krpáčovo – Tále – Krpáčovo

Lage: Niedere Tatra (Süden) - westlicher Teil.
Ausgangs- und Zielpunkt: Krpáčovo, Haltestelle SAD, Parkplatz.
Zeitplan: Krpáčovo - Veľká Riavka ¾ Std. - Tále ¾ Std. - Pod Brezinami ½ Std. - Prameň Sama Chalupku ¾ Std. - Krpáčovo ¼ Std.
Insgesamt: 3 Stdn.
Höhenunterschied: 180 m.
Karte: Nízke Tatry - Chopok 1 : 50 000 (Blattnr. 122), VKÚ, š. p., Harmanec.

Schwierigkeitsgrad: Leichter und anspruchsloser Spaziergang auf befestigten Straßen und Wegen. Mit Ausnahme des Abschnittes zwischen den Erholungsobjekten in Krpáčovo sind sie als Wanderwege gekennzeichnet.
Basistour: Vom Hotel Junior in **Krpáčovo** (730 m) kommen wir durch eine Seitenstraße auf die Hauptstraße, auf der die rote Marke (0816), auch Partisanenweg genannt, verläuft. Wir gehen auf ihr in östlicher Richtung. Die Asphaltstraße überwindet das Tal **Veľká Riavka** (880 m) in Querrichtung mit einigen leicht ansteigenden Serpentinen. Hinter dem Tal führt sie schräg den Hang hinauf und sinkt bis zu dem im erweiterten Abschnitt des Tales Bystrá dolina liegenden Erholungszentrum **Tále** (700 m) hinab. Vom Hotel Partizán gehen wir auf der Straße ein Stück zurück und biegen hinter dem Hotel Stupka links auf die gelbe Marke (8429) ab. Die Ausflugsstrecke verläuft in westlicher Richtung auf einem Weg, der sich etwas niedriger und südlicher als der Partisanenweg befindet. Sie führt über Wiesen, die sich **Pod Brezinami** nennen. Vom Bach Riavka ist es bis nach Krpáčovo nur eine knappe halbe Stunde. Die gelb markierte Straße weicht den Erholungseinrichtungen in Krpáčovo auf der östlichen Seite aus. Sie führt in das Tal des Baches Hnusné bis zur Quelle Prameň Sama Chalupku (siehe Tour Nr. 8). Bei der Brücke über den Bach biegen wir von der Straße rechts auf einen Weg, der uns, an einem Heuschober vorbei, zu einer ausgedehnten Wiese südlich von Krpáčovo bringt. Auf der linken Seite neigen sich Wiesen mit zwei Skiliften in das Tal Červená voda. Auch unser Spaziergang ist in das erwähnte Tal gerichtet. An der nördlichen Seite des Tales steigen wir über einen leichten Hang bis zu einer Hochebene hinauf, wo sich die Erholungsobjekte Hydrostav und das Wasserbecken **Krpáčovo** befinden. Hotel Junior, bei dem wir unseren Spaziergang begannen, steht östlich vom Wasserbecken.

Tále

10 Baba

Trangoška – Kosodrevina – Príslop – Pálenica – Baba – Tále

Lage: Niedere Tatra (Süden) - westlicher Teil.
Ausgangspunkt: Trangoška, Haltestelle SAD, Parkplatz.
Zielpunkt: Tále, Haltestelle SAD, Parkplatz.
Zeitplan: Trangoška - Srdiečko ¼ Std. - Kosodrevina ¾ Std. - Príslop ½ Std. - Pálenica ½ Std. - Baba ½ Std. - Mesiačik ½ Std. - Tále 1 ¼ Stdn.
Insgesamt: 4 ¼ Stdn.
Höhenunterschied: 934 m.
Karte: Nízke Tatry - Chopok 1 : 50 000 (Blattnr. 122), VKÚ, š. p., Harmanec.

Schwierigkeitsgrad: Leichte und anspruchslose halbtägige Hochgebirgstour mit überwiegendem Gefälle.
Basistour: Vom Parkplatz auf **Trangoška** (1 120 m) gehen wir auf der Asphaltstraße zum zur Zeit geschlossenen **Hotel Srdiečko** (1 216 m) an der unteren Station des Sesselliftes zum Chopok. Wir folgen der gelben Marke (8430). Von Srdiečko gehen wir rechts von der Skipiste auf dem, den Hang hinaufsteigenden, Weg mit Hilfe von Serpentinen hinauf. Ungefähr in der Mitte der Steigung führt der Weg schräg über die Skipiste zu deren linker Seite und steigt weiter steil hinauf bis zum verlassenen Berghotel **Kosodrevina** (1 500 m). Vom Hotel gehen wir auf einem waagerechten Weg, der gelben und blauen Marke folgend (2626), in Richtung Westen. Nach mehr als einem Kilometer biegt die gelbe Marke zum Chopok ab. Wir bleiben auf dem blau markierten Weg. Der durch die Krummholzregion führende Weg bleibt annähernd in einer Höhe von 1 500 m. Er führt zur Gabelung im Paß **Príslop** (1 518 m). Hier biegen wir links auf den gelb markierten Weg (8429), der zu Beginn ein mäßiges Profil aufweist. Von Osten umgeht er den wenig ausgeprägten Gipfel Príslop (1 518 m). Aus einer flachen Senke verläuft der Weg zuerst in Traversen nahezu waagerecht nach rechts zu einem ausgeprägten Felsen und von hier aus steigt er steil über den seitlichen Rücken durch Krummholzkiefern auf **Pálenica** (1 654 m) hinauf. Von Pálenica aus beginnt der anziehende Gang über den Rücken des Gebirgsnebenkammes mit herrlichen Ausblicken in die Tiefen der angrenzenden Täler. Die Höhe beträgt annähernd 1 600 m über dem Meeresspiegel. Zum felsigen Gipfel **Baba** (1 617 m) müssen wir von einem Weg abbiegen, der ihn auf der östlichen Seite umgeht. Schöne

Ďumbier mit Berghotel Kosodrevina

Ausblicke auf den oberen Flußlauf des Hron bieten sich auch von einer Bergwiese am Ende des horizontalen Teiles des Gebirgsnebenkammes, der südlich von Baba liegt. Der Abstieg von hier erfolgt in westlicher Richtung. Der dem Gefälle folgende Weg ist in technisch schlechtem Zustand. Er wendet sich nach Süden und umgeht in einem Bogen mit leichtem Gefälle das gesamte Massiv Baba. Er führt uns zum bewaldeten felsigen Rücken von **Mesiačik** (1 362 m) mit begrenzten Aussichten in das Tal Bystrá dolina. Der weitere Abstieg erfolgt durch Fichtenbestand auf einer steil nach unten führenden alten Waldstraße zum östlichen Hang des Tales Veľká Riavka. Der Abstieg endet am Hotel Partizán in **Tále** (720 m).

11 Ďumbier und Chopok von Trangoška aus

Trangoška – Chata gen. M. R. Štefánika – Ďumbier – Chopok – Kosodrevina – Trangoška

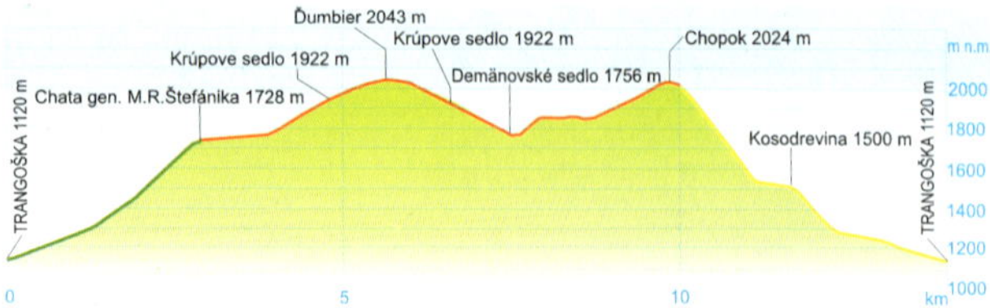

Lage: Niedere Tatra (Süden) - westlicher Teil.
Ausgangs- und Zielpunkt: Trangoška, Haltestelle SAD, Parkplatz.
Zeitplan: Trangoška - Halašova jama ¾ Std. - Chata gen. M. R. Štefánika ¾ Std. - Krúpove sedlo ½ Std. - Krúpova hoľa ½ Std. - Ďumbier ½ Std. - Krúpova hoľa ¼ Std. - Demänovské sedlo ¾ Std. - Chopok 1 ¼ Stdn. - Kosodrevina 1 ½ Stdn. - Srdiečko ½ Std. - Trangoška ¼ Std.
Insgesamt: 7 ½ Stdn.
Höhenunterschied: 923 m.
Karte: Nízke Tatry - Chopok 1 : 50 000 (Blattnr. 122), VKÚ, š. p., Harmanec.

Schwierigkeitsgrad: Mittelschwere und anspruchsvolle ganztägige Hochgebirgstour mit einem Aufstieg von nahezu tausend Metern auf Ďumbier. Schlechte Wetterbedingungen können die Tour noch mehr erschweren, man kann sie in Hochgebirgshütten mit Erfrischungsmöglichkeiten abwarten.
Basistour: Vom Parkplatz auf **Trangoška** (1 120 m) steigen wir das Tal Trangoška auf der grünen Marke (5426) hinauf. Hinter dem Informationszentrum gehen wir auf eine alte Waldstraße, die neben dem Bach Bystrianka verläuft. An der Stelle, wo einst die sog. untere Sennhütte stand, wird sie steiler. Sie steigt durch Fichtenwald zum Platz der ehemaligen oberen Sennhütte hinauf. Über dieser gelangt sie in das Talende mit dichtem Krummholzkiefernbestand und Ebereschen. Daß sich das Wasser in **Halašova jama** (1 450 m) unter der Erde verliert, zeugt davon, daß wir uns im Karstgebiet befinden. In einer seitlichen Rinne befindet sich an der südlichen Seite des Tales der Eingang zu der bekannten Höhle **Jaskyňa mŕtvych netopierov**. Der abschließende Aufstieg führt durch Geröll auf gut ausgetretenem steinernem Weg hinauf. Der Weg

führt in einer kurzen Traverse auf den scharfen Kamm des Gebirgsnebenkammes Veľký Gápeľ. Hier sind wir schon in der Nähe der Hütte **Chata gen. M. R. Štefánika** (1 728 m). Nach angenehmer Rast in der Hütte gehen wir in Richtung Nordwesten. Wir laufen auf dem leicht ansteigenden Weg, der zum südlichen Hang des Ďumbier führt. Bis Sattel **Krúpove sedlo** (1 922 m) hat der Weg grüne und rote Markierung. In einer schrägen Traverse führt er auf **Krúpova hoľa** (1 927 m) hinauf. Wir biegen an der Gabelung rechts auf den, den Kamm zum Gipfel **Ďumbier** (2 043 m) hinaufführenden Weg ab. Der höchste Gipfel der Niederen Tatra beschenkt uns bei gutem Wetter mit einem Rundblick. Vom Ďumbier kehren wir nach **Krúpova hoľa** auf dem gleichen Wege zurück. Wir setzen unseren Weg auf dem meist besuchten Abschnitt des Kammweges der Niederen Tatra (umgekehrt wie Tour Nr. 47) fort, der rot markiert ist (E8, 0801). Zuerst steigen wir zum breiten grasbewachsenen Sattel **Demänovské sedlo** (1 756 m) hinab. In Traversen überwinden wir die südlichen Hänge von Konské und Široká und steigen zur Hütte **Kamenná chata** unter dem Gipfel des **Chopok** (2 024 m) hinauf. Vom felsigen höheren östlichen Gipfel bietet sich ein schöner Ausblick, vergleichbar mit dem vom Ďumbier. Auf Chopok verlassen wir den Kammweg und auf der gelben Marke (8430) werden wir in Richtung Süden hinabsteigen. Der ausgetretene Weg geht steil über Wiesen- und Geröllhänge hinab. Er weicht den größeren Felsbrocken aus und durchschneidet Krummholzkiefernbewuchs. Bei schlechter Sicht muß man aufmerksamer die Zeichen auf den Felsbrocken verfolgen. Der Weg gelangt westlich von der Zwischenstation der Seilbahn zum Chopok auf eine waagerechte Straße. An der Gabelung biegen wir nach links ab. Blaue und gelbe Markierungen bringen uns bald zum Hotel **Kosodrevina** (1 500 m). Vom Gebäude des zur Zeit geschlossenen Hotels gehen wir absteigend auf der gelben Marke an der östlichen Seite vom Sessellift weiter. Der Weg verläuft zuerst am rechten Rand der Skipiste und geht später in einer Serpentine auf ihre linke Seite. Bei der Bodenstation des Sesselliftes in **Srdiečko** (1 216 m) kommen wir auf eine Asphaltstraße, der wir bis zum Ziel unserer Tour auf **Trangoška** folgen.

Ďumbier

12 Chopok und Dereše von Srdiečko aus

Srdiečko – Chopok – Poľana – Krížske sedlo – Príslop – Srdiečko

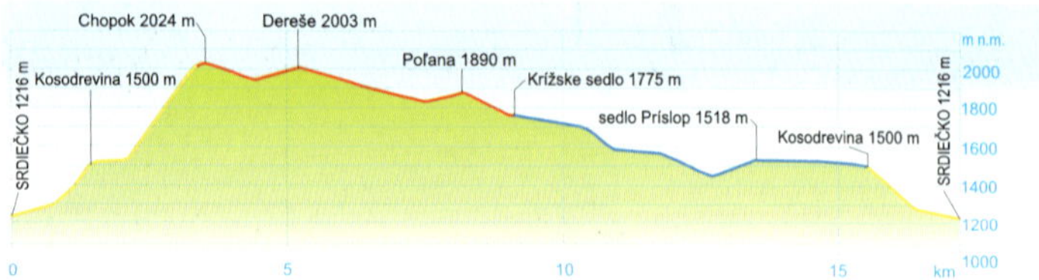

Lage: Niedere Tatra (Süden) - westlicher Teil.

Ausgangs- und Zielpunkt: Srdiečko, Haltestelle SAD, Parkplatz.

Zeitplan: Srdiečko - Kosodrevina ¾ Std. - Chopok 2 Stdn. - Dereše ½ Std. - Sedlo Poľana ¾ Std. - Poľana ¼ Std. - Krížske sedlo ½ Std. - Pod Derešmi ¾ Std. - Príslop ½ Std. - Kosodrevina ¾ Std. - Srdiečko ½ Std.

Insgesamt: 7 ¼ Stdn.

Höhenunterschied: 808 m.

Karte: Nízke Tatry - Chopok 1 : 50 000 (Blattnr. 122), VKÚ, š. p., Harmanec.

Schwierigkeitsgrad: Mittelschwere und anspruchsvolle Hochgebirgstour, die vorwiegend über der oberen Baumgrenze verläuft.

Basistour: Der Aufstieg auf Chopok verläuft von **Srdiečko** (1 216 m) aus auf dem abschließenden Abschnitt der Tour Nr. 11 in umgekehrter Richtung. Nach dem verhältnismäßig anstrengenden Aufstieg zum **Chopok** (2 024 m), Rast auf dem östlichen Gipfel mit schönen Ausblicken und Erfrischung in der Hütte Kamenná chata begeben wir uns auf dem rot markierten Kammweg (E8, 0801) in Richtung Westen. Die Strecke dieses Ausfluges beinhaltet seinen Abschnitt zwischen Chopok und Poľana. Mit steilen felsigen Steilwänden neigt er sich zum Ende des Tales Demänovská dolina. An der südlichen Seite kann man lange gerade Hänge, bedeckt mit Halden von Blöcken und Geröll, sehen, die tief zu den Tälern Bystrá und Vajskovská dolina unter ihnen hinuntersteigen. Vom Chopok gehen wir zuerst zu einer flachen Senke, hinter der der Weg leicht zum Hang von **Dereše** (2 003 m) ansteigt. Auf dem Gipfel mit einer schönen Aussicht in die Dereše-Kessel muß man vom Weg abbiegen. Nach einem steileren Abstieg

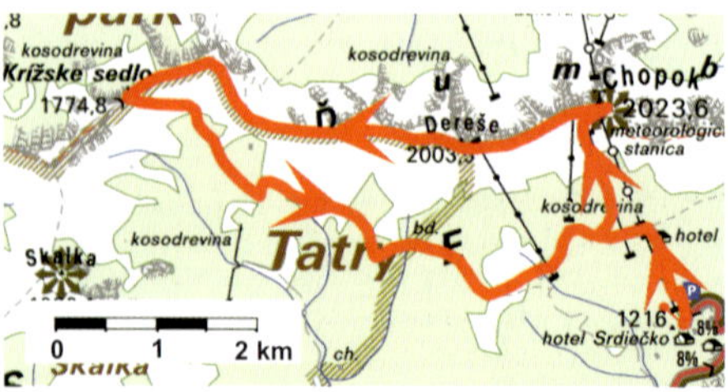

Dereše mit Chabenec

von Dereše folgt ein längerer Abschnitt des Kammweges mit geringem Höhenunterschied. Vorwiegend durch leichtes Herabsteigen erreichen wir den Paß **Sedlo Poľana** (1 837 m). Rechts verläuft die Strecke des gewöhnlichen Abstieges vom Kamm zum See Vrbické pleso im Tal Demänovská dolina. Unsere Tour geht aber weiter mit einem Aufstieg auf den breiten Kamm bis zum Gipfel **Poľana** (1 890 m). Hier gehen wir aber nicht auf der gelben Marke zur Gabelung Bôra, sondern steigen besser auf dem Kamm zum nahen Paß **Krížske sedlo** (1 775 m) herab. Erst hier verlassen wir den Hauptkamm des Gebirges durch Abbiegen nach links und gehen auf großen Traversen zu seinem südlichen Bergfuß. Der Weg sinkt leicht ab, aber wiederum nicht so, daß er nicht seine Höhe über dem Boden des tiefen Gletschertales Vajskovská dolina beibehielte. Er überquert eine Reihe von Rinnen, drängt sich durch das Krummholz und kreuzt breite kahle Gipfel. Unter Dereše sinkt der Weg bis unter die obere Baumgrenze. Von unten ist bei Windstille das Rauschen der Wasserfälle Vajskovské vodopády zu hören. Nacheinander kommen wir an einer Gabelung mit der gelben Marke sowie an einer alten Sennhütte vorbei und erreichen den Paß **Príslop** (1 518 m). Zum Hotel **Kosodrevina** (1 500 m) bei der Zwischenstation des Sesselliftes auf den Chopok kommen wir auf die waagerechte Straße, die im unteren Teil durch zusammenhängenden Krummholzbestand am südlichen Hang des Chopok verläuft. Nach **Srdiečko** gelangen wir auf gleichem Wege wie zum Schluß der Tour Nr. 11.

13 Ďumbier von Mýto pod Ďumbierom aus

Mýto pod Ďumbierom - Chata gen. M. R. Štefánika - Ďumbier - Trangoška

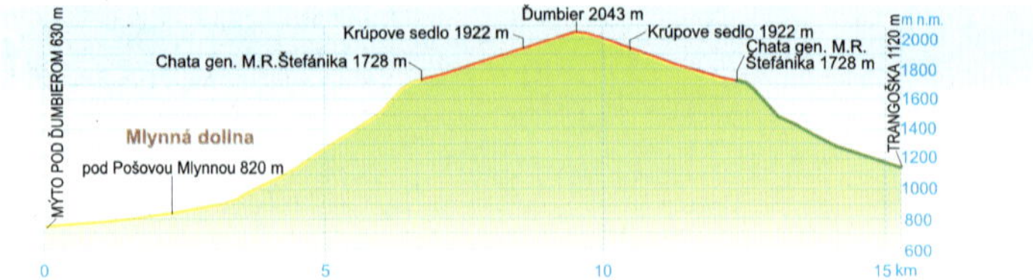

Lage: Niedere Tatra (Süden) - westlicher Teil.

Ausgangspunkt: Mýto pod Ďumbierom, Haltestelle SAD, Parkplatz.

Zielpunkt: Trangoška, Haltestelle SAD, Parkplatz.

Zeitplan: Mýto pod Ďumbierom - Pod Pošovou Mlynnou 1 ¼ Stdn. - Chata gen. M. R. Štefánika 2 ¾ Stdn. - Krúpove sedlo ½ Std. - Krúpova hoľa ½ Std. - Ďumbier ¾ Std. - Krúpova hoľa ½ Std. - Krúpove sedlo ½ Std. - Chata gen. M. R. Štefánika ½ Std. - Halašova jama ½ Std. - Trangoška ¾ Std.

Insgesamt: 8 ½ Stdn.

Höhenunterschied: 1 388 m.

Karte: Nízke Tatry - Chopok 1 : 50 000 (Blattnr. 122), VKÚ, š. p., Harmanec.

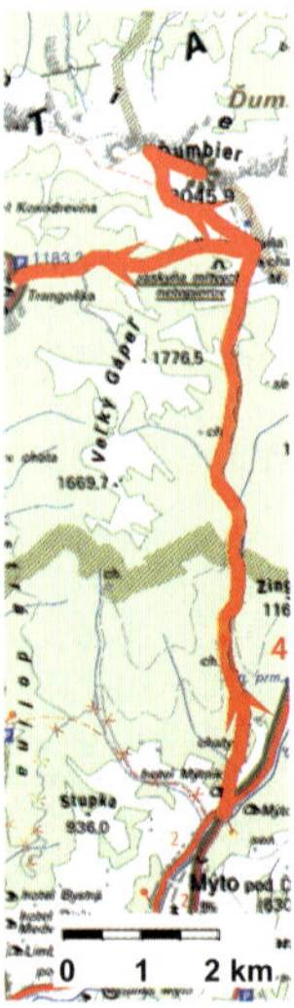

Schwierigkeitsgrad: Schwere und anspruchsvolle ganztägige Hochgebirgstour mit extremen Höhenunterschieden und Länge. Wir empfehlen, sie nicht in der Zeit der kurzen Tage zu absolvieren. Auf der Tour gibt es Erfrischungsmöglichkeit und Notunterkunft in der Hütte Chata gen. M. R. Štefánika.

Basistour: Die Tour beginnt am Hotel Mýto nördlich von der Gemeinde **Mýto pod Ďumbierom** (630 m). Der gelben Marke (8428) folgend biegen wir von der Hauptstraße auf eine befestigte Seitenstraße ab, die in das Tal **Mlynná dolina** führt. Das Profil der Straße ist lange gemäßigt und bequem. In der Talverzweigung an der Gabelung **Pod Pošovou Mlynnou** (820 m) verläuft die Strecke links zur Zelenská Mlynná. In der Talenge beginnt die Straße steil zu steigen. Sie gelangt über die obere Baumgrenze, von wo der weitere Aufstieg über steinige, am Endes des Tales oft auch nasse Rinnen führt. Das sehr steile kesselartige Talende überwindet der Weg links in mehreren Serpentinen. Mit ihnen steigen wir bis zum felsigen kleinen Kamm im Gebirgsnebenkamm Veľký Gápeľ hinauf, von dort sind es nur noch einige zig

Mýto pod Dumbierom

Meter bis zur Hütte **Chata gen. M. R. Štefánika** (1 728 m). Der eigentliche Aufstieg von der Hütte auf **Ďumbier** (2 043 m) erfolgt ebenso wie bei der Tour Nr. 11. Nach der Rückkehr vom höchsten Gipfel der Niederen Tatra nach **Krúpova hoľa** (1 927 m) werden wir aber nicht mehr auf dem Kammweg weitergehen, sondern auf gleichem Weg zur Hütte Chata gen M. R. Štefánika (1 728 m) zurückkehren. Wir beenden die Tour durch den Abstieg von der Hütte bis nach **Trangoška** (1 120 m) auf der gleichen Strecke wie im Anfang der Tour Nr. 11, aber in umgekehrter Richtung.

14 Králička

Čertovica - Králička - Starobocianska dolina - Vyšná Boca

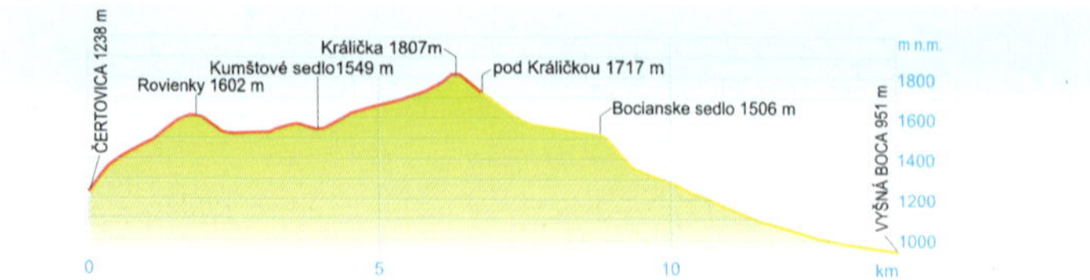

Lage: Niedere Tatra (Norden) - westlicher Teil.

Ausgangspunkt: Čertovica, Haltestelle SAD, Parkplatz.

Zielpunkt: Vyšná Boca, Haltestelle SAD, Parkplatz.

Zeitplan: Čertovica - Rovienky 1 Std. - Kumštové sedlo ½ Std. - Panská hoľa ¼ Std. - Králička ½ Std. - unter Králička ¼ Std. - Bocianske sedlo ½ Std. - Pod Starou Bocou 1 Std. - Vyšná Boca ¼ Std.

Insgesamt: 4 ¼ Stdn.

Höhenunterschied: 856 m.

Karte: Nízke Tatry - Kráľova hoľa 1 : 50 000 (Blattnr. 123), VKÚ, š. p., Harmanec.

Schwierigkeitsgrad: Mittelschwere und anspruchsvolle halbtägige Tour.

Basistour: Von der Hütte **Čertovica**, die im gleichnamigen Sattel (1 238 m) steht, gehen wir auf dem östlichsten Abschnitt des Kammweges der Ďumbierske Tatry. Den Weg weist uns die rote Marke (E8, 0801). Wir beginnen mit einem kurzen Aufstieg auf den steilen Hang direkt über dem Sattel zu einem mäßiger steigendem Abschnitt des Kammes. Kurz danach kommen wir aus dem Wald heraus auf einen schroffen kahlen Abschnitt des Kammes **Lajštroch** mit schönem Ausblick auf Kráľovohoľské Tatry. Lajštroch wird an der westlichen Seite von der wenig ausgeprägten Erhöhung **Rovienky** (1 602 m) abgeschlossen. Hinter Rovienky erwartet uns der erste kurze Abstieg zu einer flachen Senke. Der Weg zwängt sich hier durch dichtes Krummholz. Erst auf dem geraden Abschnitt vor dem Sattel **Kumštové sedlo** (1 549 m) kommen wir auf einen grasbewachsenen gerundeten Gipfel. Im Sattel kreuzen wir die grüne Marke (5619). Die Tour verläuft noch immer auf dem Hauptkamm. Es erwartet uns der langgezogene Aufstieg auf **Panská hoľa** (1 635 m). Der weitere Gipfel im Kamm ist höher, aber der Wan-

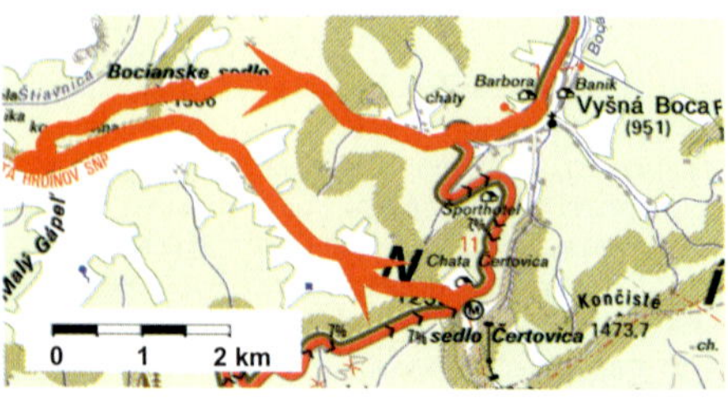

Čertovica

derweg weicht ihm rechts aus. Nach dem Aufstieg auf den nahen Gipfel **Králička** (1 807 m) steigen wir leicht bis zur Gabelung in einer flachen Senke unter Kráľička (1 717 m) hinab. Hier biegen wir rechts auf den gelb markierten Weg (8428) ab. Neben den Überresten der Tätigkeit früherer Bergleute gehen wir auf dem steilem Weg mit kurzen Serpentinen den Hang hinunter über der Biegung Štiavnice am Ende des Tales Jánska dolina. Der Weg führt nicht bis zum Talgrund, sondern er dreht sich ungefähr in halber Hanghöhe in eine leicht absinkende Traverse. Auf breitem Weg kommen wir bequem zum grasbewachsenen Sattel **Bocianske sedlo** (1 506 m). Im Sattel kreuzen wir erneut die grüne Marke, die links auf Rovná hoľa hinaufführt. Unsere Tour verläuft vom Sattel, ähnlich wie die Tour Nr. 27, in Richtung Vyšná Boca. Wir erreichen das Tal Starobocianska dolina. Im oberen Teil gehen wir in Serpentinen auf einer alten Grubenstraße bergab und etwas tiefer gelangen wir nach einer Bergwiese auf eine mäßig sich senkende Fahrstraße. Neben dem Bach Boca kommen wir zur Gabelung **Pod Starou Bocou**. Zur nahen Gemeinde **Vyšná Boca** (951 m) gelangen wir neben der frequentierten Hauptstraße.

15 Beňuška

Čertovica - Beňuška - Bravácovo

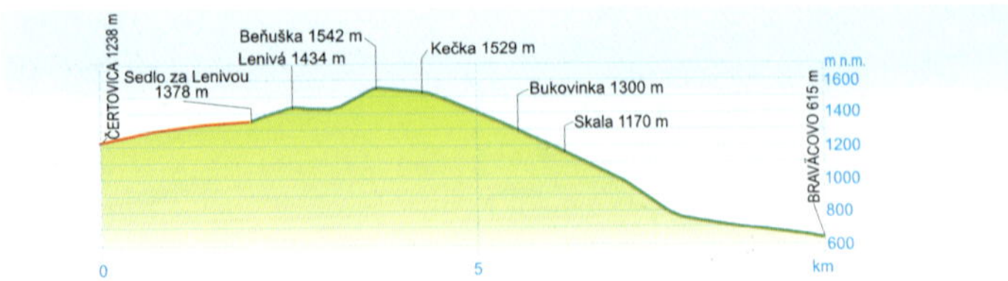

Lage: Niedere Tatra (Süden) - östlicher Teil.
Ausgangspunkt: Čertovica, Haltestelle SAD, Parkplatz.
Zielpunkt: Bravácovo, Haltestelle SAD, Parkplatz.
Zeitplan: Čertovica - Sedlo za Lenivou ¾ Std. - Lenivá ¼ Std. - Beňuška ¼ Std. - Bukovinka ½ Std. - Skala ¼ Std. - Hlboká ¾ Std. - Bravácovo ¼ Std.
Insgesamt: 3 Stdn.
Höhenunterschied: 926 m.
Karte: Nízke Tatry - Kráľova hoľa 1 : 50 000 (Blattnr. 123), VKÚ, š. p., Harmanec.

Schwierigkeitsgrad: Mittelschwere und anspruchsvolle halbtägige Hochgebirgstour mit überwiegendem Gefälle. Die Orientierung ist mit Ausnahme

Blick auf den Kamm bei Nižná Boca

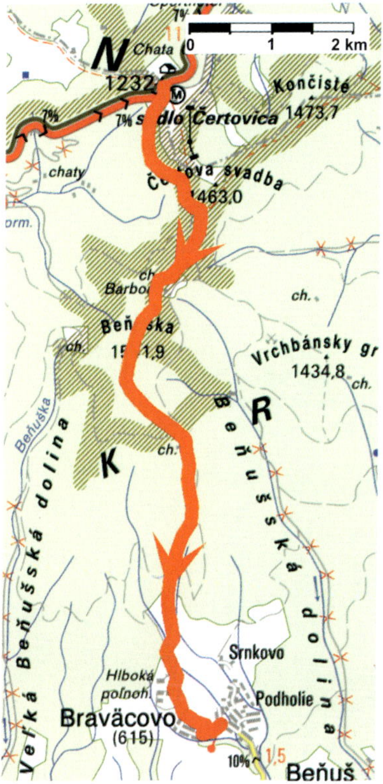

der Umgebung von Bukovinka, wo der Weg mehrere Straßen kreuzt, die uns verwirren können, problemlos.

Basistour: Von der Autobushaltestelle im Sattel **Čertovica** (1 238 m) gehen wir auf der roten Marke (E8, 0801) in südöstlicher Richtung. Die Straße steigt leicht schräg am westlichen Hang von Čertova svadba über dem tiefen Ende des Tales Široká dolina an. Im Sattel **Sedlo za Lenivou** (1 378 m) verläßt die Tour Cesta hrdinov SNP und biegt rechts auf die grüne Marke (5424) ab. Nach einer Weile kommt der Weg aus dem Wald auf die Bergwiese **Lenivá** (1 434 m) mit mehreren Hütten auf der linken Seite heraus. Am südlichen Rand der Wiese tritt er wieder in den Wald ein und steigt leicht zur Gipfelwiese **Beňuška** (1 542 m) an. Der höchste Punkt des Gebirgsnebenkammes bietet den Touristen einen weiten Rundblick in die Landschaft. Bei gutem Wetter kann man von Beňuška Kremnické vrchy, Poľana, Slovenské rudohorie und die Tatra sehen. Die letzte weite Fernsicht bietet sich uns von dem südlicher liegenden **Kečka** (1 529 m). Vorher kommen wir bei einem steilen Abstieg erneut in den Wald. Die Tour führt über eine Lichtung mit Hütte nach **Bukovinka** (1 300 m). Bei einem mächtigen Felsturm mit der Bezeichnung **Skala** (1 170 m) befinden wir uns etwa in der Hälfte des Abstieges von Beňuška nach Bravácovo. Der Weg kommt oberhalb des Baches Hlboká im gleichnamigen Tal aus dem Wald heraus. Der Weg verliert sich hier stellenweise, aber durch den Blick auf die vor uns liegende Ortschaft können wir uns nicht verirren. Noch vor Eintritt in die Ortschaft kommen wir am Forsthaus **Hlboká** (680 m) vorbei. Wenn wir in **Bravácovo** (615 m) keinen geeigneten Autobus zur Verfügung haben, gehen wir auf der grünen Marke weiter bis nach **Beňuš**.

16 Von Bacúch nach Vyšná Boca

Bacúch – Bacúšske sedlo – Vyšná Boca

Lage: Niedere Tatra (Süden) - östlicher Teil.
Ausgangspunkt: Bacúch, Haltestelle SAD, Haltestelle ŽSR, Parkplatz.
Zielpunkt: Vyšná Boca, Haltestelle SAD, Parkplatz.
Zeitplan: Bacúch - Prameň Boženy Němcovej ¾ Std. - Podvrch ½ Std. - Bacúšske sedlo 2 Stdn. - Vyšná Boca 1 Std.
Insgesamt: 4 ¼ Stdn.
Höhenunterschied: 690 m.
Karte: Nízke Tatry - Kráľova hoľa 1 : 50 000 (Blattnr. 123), VKÚ, š. p., Harmanec.

Vyšná Boca

Schwierigkeitsgrad: Mittelschwere und anstrengende Halbtagstour mit vorwiegendem Aufstieg in Waldlandschaft. Die Orientierung ist problemlos. Größere Aufmerksamkeit muß man nur den Gabelungen der Waldstraßen widmen.

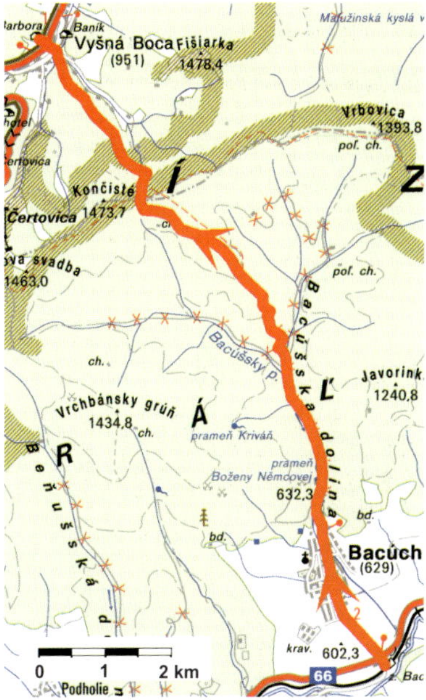

Basistour: Von der Eisenbahnstation führt die blaue Marke (2613) durch die Gemeinde **Bacúch** (629 m). An der rechten Seite des Tales liegt hinter der Ortschaft die Quelle **Prameň Boženy Němcovej** (632 m), benannt nach der berühmten tschechischen Schriftstellerin, die einmal das früher hier befindliche Bad besuchte. Nach einer angenehmen Erfrischung mit dem wohlbekannten eisenhaltigen Sauerbrunnen wird uns der Aufstieg durch das Tal Bacúšska dolina leichter fallen. Von der Quelle kehren wir auf dem Damm von Bacúšsky tajch auf eine asphaltierte Waldstraße zurück, die uns zu einer Hütte an der Stelle der Hauptverzweigung des Tales mit der Bezeichnung **Podvrch** (720 m) bringt. In Podvrch verlassen wir die Straße und begeben uns auf einen steinigen Weg, der in Serpentinen den bewaldeten Jánov grúň hinaufsteigt. Der untere Abschnitt verläuft mehr auf der Seite des Haupttales Bacúšska dolina, im oberen Abschnitt verlagert sich der Weg auf die Seite des Tales Adamova dolina. Der höchste Punkt der gesamten Strecke ist der Sattel **Bacúšske sedlo** (1 319 m). Hinter dem flachen Sattel geht es auf dem Hauptkamm des Gebirges nur noch bergab. Bis nach Vyšná Boca folgen wir weiterhin der blauen Marke. Der Weg verläuft zum linksseitigen Abschnitt des Tales Podvrch. Vom Sattel aus laufen wir links auf einer leicht abfallenden Traverse neben dem Bach entlang, über Serpentinen durch den Wald bis zu einer offenen Rinne. Kurz danach biegen wir links auf einen Hohlweg und über Bacúšska dolina steigen wir im Hang von Salvátor herab. Wir kreuzen eine breite Schneise und steigen weiter durch Wald bis nach Vyšná Boca hinab. Auf Serpentinen setzen wir unseren Weg zwischen Holzhäusern auf einer Asphaltstraße fort. Wir biegen zuerst nach rechts, dann nach links und befinden uns an der Haltestelle SAD in der Ortschaft **Vyšná Boca** (951 m).

17 Homôľka

Polomka – Homôľka – Oravcová – Závadka nad Hronom

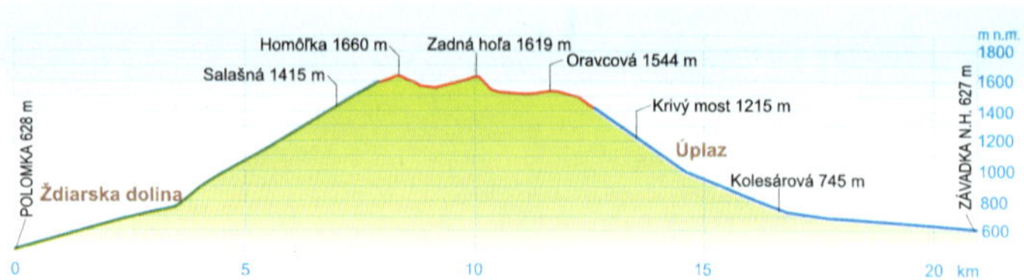

Lage: Niedere Tatra (Süden) - östlicher Teil. **Ausgangspunkt:** Polomka, Haltestelle SAD, Haltestelle ŽSR, Parkplatz. **Zielpunkt:** Závadka nad Hronom, Haltestelle SAD, Haltestelle ŽSR, Parkplatz. **Zeitplan:** Polomka - Ždiarska dolina ½ Std. - Bukovinka ¾ Std. - Salašná ¾ Std. - Sattel Homôľka ½ Std. - Homôľka ¼ Std. - Sattel Homôľka ¼ Std. - Zadná hoľa ¼ Std. - Pod Oravcovou ¾ Std. - Krivý most ½ Std. - Kolesárová ¾ Std. - Závadka nad Hronom 1 Std. **Insgesamt:** 6 ½ Stdn. **Höhenunterschied:** 1 033 m. **Karte:** Nízke Tatry - Kráľova hoľa 1 : 50 000 (Blattnr. 123), VKÚ, š. p., Harmanec.

Schwierigkeitsgrad: Mittelschwere und anspruchsvolle Hochgebirgstour mit großem Höhenunterschied.

Basistour: Die Tour beginnt an der Bahnstation in **Polomka** (628 m) und verläuft auf der grünen Marke durch die Ortschaft. Sie führt zur Mündung des Tales **Ždiarska dolina** in die Niederung des oberen Flußlaufes des Hron. An der Gabelung (740 m) im unteren Teil des Tales biegen wir zu seinem östlichen Hang ab. Der steiler aufsteigende, durch den Wald führende Weg erreicht schnell den Rücken von **Bukovinka** und verläuft weiter, gemäßigter ansteigend, unterhalb des südlichen Hanges von Homôľka. Die Bergwiese **Salašná** (1 415 m) bietet Ausblick auf die umliegenden Gipfel und Kämme der Niederen Tatra. Von Salašná steigt der Weg zuerst steiler auf einem Gefälle, dann etwas gemäßigter auf einer alten steinigen Straße hinauf, die schräg am Hang zum flachen Sattel **Homôľka** (1 570 m) auf dem Hauptkamm des Gebirges führt. Unterhalb dieser Straße steht am Hang des Talendes Rakyťanka eine Gedenkhütte, die an die Ereignisse am Ende des Jahres 1944 erinnert, als deutsche Truppen Mitglieder einer anglo-amerikanischen Mission gefangennahmen, die den hiesigen Partisanengruppen, die im Gebiet Homôľka operierten, zu Hilfe kommen wollte. Im Sattel ist eine Gedenktafel angebracht. Westlich vom Sattel erhebt sich der kegelförmige Gipfel **Homôľka** (1 660 m). Seinen Hang hinauf führt ein rot markierter Weg (E8, 0801). Der eigentliche Gipfel liegt außerhalb des Wanderweges, aber auch der Anblick vom südlichen Hang über dem Krummholz ist überwältigend. Er umfaßt die tiefe Furche der Niederungen Heľpianske podolia, das ausgedehnte Massiv Fabova hoľa und weitere Gipfel vom bewaldeten Slovenské rudohorie. Nach der Rückkehr zum Sattel Homôľka benutzen wir Cesta hrdinov SNP beim weiteren Marsch in östlicher Richtung. Durch Krummholz hindurch gelangen wir leicht auf **Zadná hoľa** (1 619 m) hinauf, von wo sich nach Norden der gewaltige Gebirgsnebenkamm Veľký bok erstreckt. Auf ihm verläuft die gelbe Marke (8626). Wir bleiben jedoch auf dem rot markierten Weg, der zum wenig ausgeprägten bewaldeten Gipfel **Oravcová** (1 544 m) im Hauptkamm führt. Der Wanderweg umgeht im Süden auch diesen Gipfel. An der Gabelung **Pod Oravcovou** (1 460 m) biegen wir rechts auf die blaue Marke (2627) ab. Die durch den Wald führende Abstiegsstrecke senkt sich zu Anfang nur gering, aber an Krivý most (1 215 m) wird sie steiler. Bei Dlhý grúň verläßt sie den sich nach Süden neigenden Rücken durch Abbiegen nach links zum Tal Úplaz. Über eine breite Schneise auf der rechten Talseite kommen wir leicht zur Gabelung unter dem Forsthaus **Kolesárová** (745 m). Das Forsthaus steht an der Stelle, wo sich das Tal Úplaz mit dem Tal Stratená dolina verbindet. Am gegenüberliegenden Hang des Tales Úplaz kann man die Objekte des Erholungszentrums Sigma sehen. Die zu ihm führende Asphaltstraße bringt uns in umgekehrter Richtung zur Zielortschaft **Závadka nad Hronom** (627 m).

18 Veľká Vápenica

Heľpa – Priehyba – Veľká Vápenica – Priehybka – Heľpa

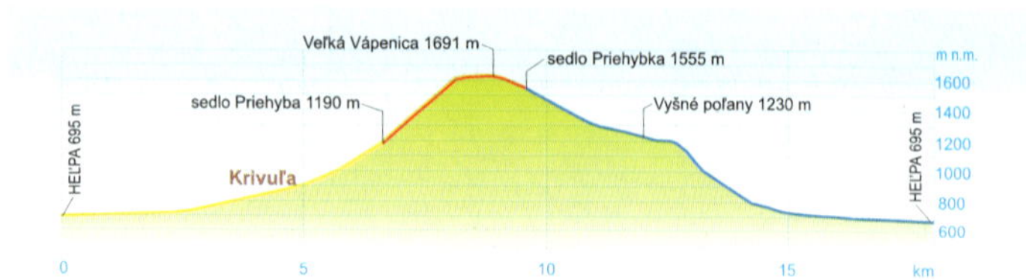

Lage: Niedere Tatra (Süden) - östlicher Teil. **Ausgangs- und Zielpunkt:** Heľpa, Haltestelle SAD, Haltestelle ŽSR, Parkplatz. **Zeitplan:** Heľpa - Heľpa-Gabelung ¾ Std. - Priehyba 1 ½ Stdn. - Veľká Vápenica 1 ½ Stdn. - Priehybka ¼ Std. - Vyšné poľany ½ Std. - Heľpa-Gabelung 1 ¼ Stdn. - Heľpa ¾ Std. **Insgesamt:** 6 ¼ Stdn. **Höhenunterschied:** 996 m. **Karte:** Nízke Tatry - Kráľova hoľa 1 : 50 000 (Blattnr. 123), VKÚ, š. p., Harmanec.

Schwierigkeitsgrad: Mittelschwere und anspruchsvolle Hochgebirgstour mit verhältnismäßig großen Höhenunterschieden.

Basistour: Vom Bahnhof am westlichen Rand von **Heľpa** (695 m) gelangen wir auf der Hauptstraße ins Ortszentrum. Wir folgen der gelben und blauen Markierung. Im Zentrum der Gemeinde biegen wir links auf die zum oberen Ende unter Holý vrch führende Straße ab. Hinter dem Dorf ist eine Gabelung (730 m), an der wir nicht rechts auf die blaue Marke abbiegen, sondern auf der zum Tal **Dolina Krivuľa** führenden Asphaltstraße bleiben. Die Strecke ist gelb markiert (8421) und führt zum Sattel Priehyba. Wenn wir die Asphaltstraße in ihrer vollen Länge benutzen würden, wäre zwar der Aufstieg bequemer, aber auch sehr lang. Zum Glück gibt es eine gelb markierte Abkürzung, auf die wir vor der ersten großen Kurve im oberen Teil des Tales einbiegen. Die alte Straße, auf der wir durch den Wald aufsteigen, kreuzt noch einmal die Asphaltstraße und steigt danach nahezu im Gefälle zum Sattel **Priehyba** (1 190 m) hinauf. Dieser Sattel ist die zweite niedrigste Stelle im gesamten Hauptkamm der Niederen Tatra. Von ihm steigt rechts eine

Veľká Vápenica

steile Waldstraße hinauf, die zur Cesta hrdinov SNP (E8, 0801) gehört. Der Aufstieg auf ihr ist anstrengend. Höher ändert sie sich in einen Weg, der uns zum rundlichen Gipfel **Veľká Vápenica** (1 691 m) bringt. Der Charakter des Terrains macht es erforderlich, aufmerksamer die rote Markierung zu verfolgen. Oberhalb der oberen Baumgrenze windet sich der Weg zwischen Felsen und Krummholz hindurch und steigt bis zum Gipfel mit einem herrlichen Rundblick hinauf. Der Abstieg von Veľká Vápenica zum Sattel **Priehybka** (1 555 m) ist verhältnismäßig kürzer und schneller als es der Aufstieg von Sattel Sedlo Priehyba war, der nahezu 400 m niedriger liegt. Im Sattel kreuzt der Kammweg den Wanderweg, der die Gemeinden Čierny Váh und Heľpa miteinander verbindet. Wir benutzen an der Gabelung die südliche Seite und biegen rechts ab. Der Abstieg auf der blauen Marke (2716) verläuft oberhalb des Talendes Koleso zum bewaldeten Rücken von Chotárny grúň. Auf einem gemäßigteren Abschnitt des Rückens verläuft die Abstiegsstrecke über die bewaldete Bergwiese **Vyšné poľany** (1 230 m). Dahinter wird sie wieder steiler am Hang des Felsbrockens mit dem lokalen Namen Organy. Das abschließende Stück verläuft über Wiesenlandschaft bis zur Ortschaft **Heľpa**.

19 Andrejcová

Pohorelá – Andrejcová – Ždiarske sedlo – Pohorelá

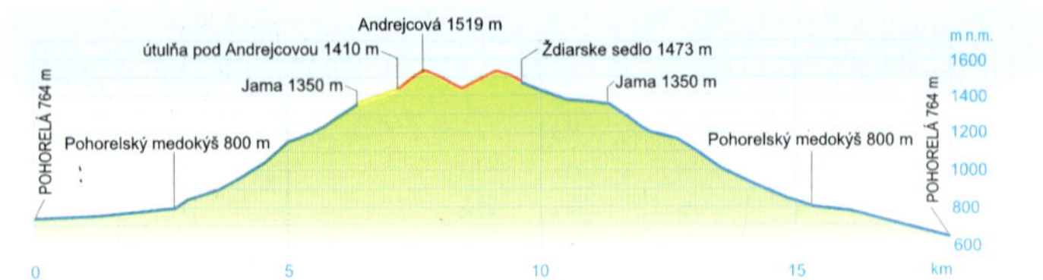

Lage: Niedere Tatra (Süden) - östlicher Teil.
Ausgangs- und Zielpunkt: Pohorelá, Haltestelle SAD, Haltestelle ŽSR, Parkplatz.
Zeitplan: Pohorelá - Pohorelský medokýš ¾ Std. - Jama 1 ¾ Stdn. - Schutzhütte Andrejcová ½ Std. - Andrejcová ¼ Std. - Ždiarske sedlo ½ Std. - Jama ¾ Std. - Pohorelá 2 Stdn.
Insgesamt: 6 ½ Stdn.
Höhenunterschied: 755 m.
Karte: Nízke Tatry - Kráľova hoľa 1 : 50 000 (Blattnr. 123), VKÚ, š. p., Harmanec.

Schwierigkeitsgrad: Mittelschwere und anspruchsvolle Hochgebirgstour mit verhältnismäßig großem Höhenunterschied. Die Schutzhütte Andrejcová bietet Notunterkunft bei Wetterverschlechterung.
Basistour: Wir gehen durch die Gemeinde **Pohorelá** (764 m) in der gesamten Länge vom Bahnhof bis zum oberen Dorfende auf der blauen Marke (2621). Bei den letzten Häusern bringt uns ein ausgebauter Weg zur Quelle **Pohorelský medokýš** (800 m). Nach Erfrischung mit dem delikaten natürlichen Sauerbrunnen laufen wir gleich besser auf dem Weg, der den steilen Rücken von Úplazík am südlichen Hang Andrejcová hinaufsteigt. In ihrem unteren Teil verläuft die Strecke über Weiden und im oberen Teil auf einer ungepflegten Waldstraße, die sich in den Fichtenbestand einschneidet. Auf der Waldlichtung **Jama** (1 350 m) befindet sich eine Gabelung, wir gehen links auf die gelbe Marke (8420). Die in den Hang eingeschnittene Straße führt auf eine kleine Bergwiese auf dem Hauptkamm mit schönem Ausblick auf die Niederungen Heľpianske podolie. Am nördlichen Waldrand steht die **Schutzhütte Andrejcová** (1 410 m). Bei der Schutzhütte fließt eine unter dem Namen Zimná voda bekannte ergiebige Quelle. Von der Schutzhütte gehen wir auf dem Kammweg des Hauptkammes der Niederen Tatra

Schutzhütte Andrejcová

weiter. Der roten Marke (E8, 0801) werden wir bis zum Sattel Ždiarske sedlo folgen. Mit einer leichten Steigung erreichen wir den rundlichen kahlen Gipfel **Andrejcová** (1 519 m) mit einer schönen Aussicht. Das Profil des Kammweges sinkt nur mäßig bis zum flachen Sattel **Ždiarske sedlo** (1 473 m). In der Nähe des Sattels befindet sich auf der südlichen Seite eine Quelle. Vom kahlen Sattel biegt links die blaue Marke (2848) durch das Tal Ždiarska dolina nach Liptovské Tepličky ab. Wir aber gehen in die andere Richtung auf einem steinigen Weg ebenfalls mit blauer Marke (2621). Die Landschaft ändert sich um uns herum sehr schnell und das Krummholz wird durch Fichtenwald ersetzt. Die Strecke senkt sich leicht schräg am steilen Hang im Ende des Tales Pod Úplazom zur Lichtung **Jama** (1 350 m) hin, wo sie mit der Strecke zusammentrifft, die wir beim Aufstieg zur Schutzhütte auf Andrejcová benutzten. Die Aufstiegsroute nutzen wir für den Abstieg nach **Pohorelá**.

20 Kráľova hoľa von Telgárt aus

Telgárt - Kráľova hoľa - Šumiac

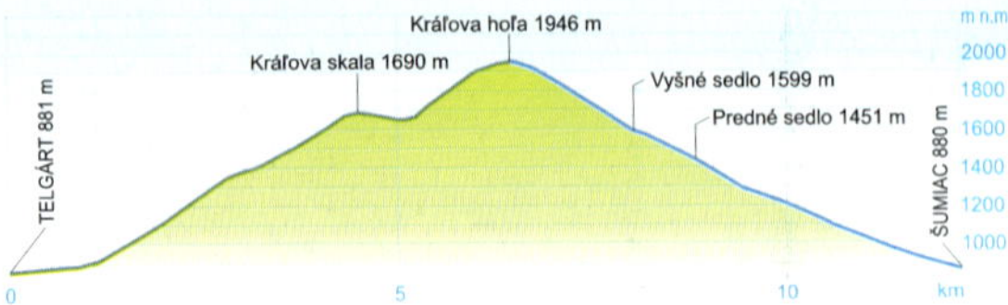

Lage: Niedere Tatra (Süden) - östlicher Teil.
Ausgangspunkt: Telgárt, Haltestelle SAD, Haltestelle ŽSR, Parkplatz.
Zielpunkt: Šumiac, Haltestelle SAD, Parkplatz.
Zeitplan: Telgárt - Kráľova skala 2 ½ Stdn. - Snehová jama ½ Std. - Kráľova hoľa ¾ Std. - Vyšné sedlo ½ Std. - Predné sedlo ¼ Std. - Šumiac 1 ¼ Stdn.
Insgesamt: 5 ¾ Stdn.
Höhenunterschied: 1 066 m.
Karte: Nízke Tatry - Kráľova hoľa 1 : 50 000 (Blattnr. 123), VKÚ, š. p., Harmanec.

Schwierigkeitsgrad: Mittelschwere und anspruchsvolle halbtägige Hochgebirgstour mit großem Höhenunterschied. Bei schlechten Sichtverhältnissen kann man zum Abstieg die zwar längere, aber sicherere Strecke auf der Asphaltstraße zur Gemeinde Šumiac benutzen. Die Objekte auf dem Gipfel von Kráľova hoľa sind der Öffentlichkeit nicht zugänglich. Im Gebäude des Fernsehsenders ist die Station des Bergrettungsdienstes untergebracht.

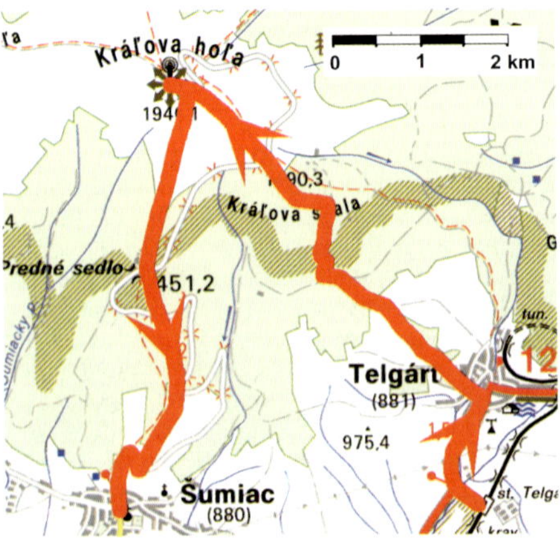

Basistour: Vom Bahnhof in **Telgárt** (881 m) kommen wir auf der Hauptstraße bis ins Zentrum der Ortschaft. An der Gabelung am Gemeindeamt gehen wir noch ein Stück auf der Straße in Richtung Brezno und erst danach biegen wir links in die zur Kirche führende Straße ein. Wir beachten dabei die grüne Marke (5439). Vom Ortsrand steigen wir durch

Weiden mit Schutzgehölzen und Schonungen am südöstlichen Hang von Kráľova skala hinauf. Nach einem kurzen Abschnitt auf einem waagerechten Weg wird der Aufstieg steiler. Mit kurzen Serpentinen kommen wir nach einer Weile aus den am höchsten wachsenden Fichten in die Krummholzkiefernregion. Nun ist es nicht mehr weit bis zum Gipfel **Kráľova skala** (1 690 m). Von dem Schieferfelsen können wir gut die Strecke des weiteren Aufstiegs bei der Bewältigung des mächtigen Kráľova hoľa sehen. Über einen Geröllhang steigen wir hinunter zum Sattel **Snehová jama** (1 650 m). In einer flachen Terrainsenke, auch Kráľovo sedlo genannt, kreuzt unsere Strecke die Asphaltstraße von Šumiac zum Fernsehsender auf Kráľova hoľa. Wenn wir diese für den Aufstieg wählen, wird die Strecke zwar bequemer aber dafür länger. Wenn wir auf der kürzeren, aber steileren Aufstiegsvariante verbleiben, gehen wir auf dem schwach sichtbaren Weg mit grüner Marke weiter, der uns fast im Gefälle nach nicht ganz einer Stunde auf den Gipfel **Kráľova hoľa** (1 946 m) bringt. Zum Schluß benutzen wir auf einem kurzen Stück die bereits erwähnte Asphaltstraße. Für die vielgerühmte panoramatische Aussicht empfiehlt es sich auf die Gipfelfelsen hinaufzusteigen. Der Blick auf die Hohe Tatra ist von hier aus wirklich unvergeßlich. Für den Abstieg von Kráľova hoľa dient uns die kürzeste und zugleich steilste Abstiegsstrecke auf der blauen Marke (2610). Der Weg sinkt zuerst gemäßigter auf dem Gefälle am südlichen Hang des gewaltigen Gipfels. Unter dem Sattel **Vyšné sedlo** (1 599 m) ändert sich sein Profil und der Weg sinkt steiler bis zum Sattel **Predné sedlo** (1 451 m) hinab. Bis hierher diente uns zur besseren Orientierung der parallel mit dem Weg verlaufende Skilift. Im Sattel Predné sedlo kreuzt die Abstiegsstrecke zum ersten Mal die Asphaltstraße aus Šumiac nach Kráľova hoľa. Tiefer treffen wir sie noch dreimal, wenn wir auch den gemeinsamen abschließenden Abschnitt beim Betreten des Dorfes hinzuzählen. Es ist ratsam, die Asphaltstraße zu benutzen, wenn der Weg zu naß und rutschig sein sollte. Bei Trockenheit kommen wir aber auf dem Wanderweg bedeutend schneller nach **Šumiac** (880 m).

Blick von Kráľova hoľa

21 Kráľova hoľa von Liptovská Teplička aus

Liptovská Teplička – Kráľova hoľa – Orlová – Liptovská Teplička

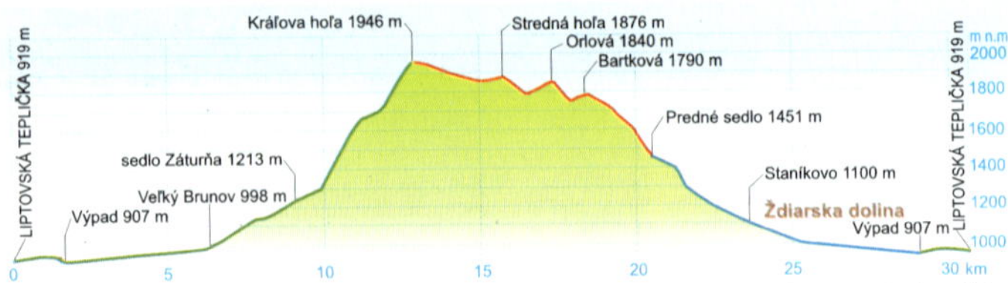

Lage: Niedere Tatra (Norden) - östlicher Teil.
Ausgangs- und Zielpunkt: Liptovská Teplička, Haltestelle SAD, Parkplatz.
Zeitplan: Liptovská Teplička - Veľký Brunov 1 ¾ Stdn. - Záturňa 1 Std. - Čierny Váh-prameň 1 ¼ Stdn. - Kráľova hoľa ¾ Std. - Orlová 1 ¼ Stdn. - Ždiarske sedlo ¾ Std. - Staníkovo 1 Std. - Ždiar ¾ Std. - Liptovská Teplička 1 ¼ Stdn.
Insgesamt: 9 ¾ Stdn.
Höhenunterschied: 1 027 m.
Karte: Nízke Tatry - Kráľova hoľa 1 : 50 000 (Blattnr. 123), VKÚ, š. p., Harmanec.

Schwierigkeitsgrad: Mittelschwere und anspruchsvolle Hochgebirgstour mit verhältnismäßig langem und anstrengendem Aufstieg auf Kráľova hoľa. Die Ausdehnung des massiven Berges ist der Grund für die relativ weite Abgelegenheit seines Gipfels von den umliegenden menschlichen Niederlassungen. Bei ungünstigem Wetter ermöglicht uns die für den Bedarf des Fernsehsenders gebaute Asphaltstraße, die nach Šumiac führt, eine sichere Rückkehr.
Basistour: Ausgangspunkt für die Tour ist die urtümliche Berggemeinde **Liptovská Teplička** (919 m). Durch die malerische Landschaft, zusammengesetzt aus einem farbigen Mosaik schmaler Streifen von kleinen Feldern, Wiesen und Weiden, stellenweise in Terrassen angeordnet, führt uns die grüne Marke (5732). Bis hinter das Forsthaus **Veľký Brunov** begleitet uns der schnell fließende Bach Čierny Váh. Das Tal des Bergbaches, der tiefer zum längsten slowakischen Fluß wird, verlassen wir durch Abbiegen in das Seitental Veľký Brunov. Nach ungefähr einem halben Kilometer verabschieden wir uns auch von diesem malerischen Tal und in Serpentinen steigen wir zum Sattel **Záturňa** (1 213 m) unter dem gleichnamigen bewaldeten Berg hinauf. Von einer schönen Bergwiese tauchen wir erneut in den Fichtenwald ein, der uns bis zur Bergwiese **Lapinová** im oberen Teil des Tales Malý Brunov nicht verlassen wird. Über der Bergwiese gelangt die Strecke in die Krummholzkiefernregion. Eine kurze Rast auf dem in schrägen Traversen am nördlichen Hang von Káľova hoľa hinaufsteigenden Weg verdient die Quelle **Čierny Váh**. Hier haben wir die Möglichkeit uns davon zu überzeugen, warum der bezwungene Berg den eigenartigen Beinamen „Dach der Slowakei“ erhielt. Neben

Čierny Váh haben hier an den Hängen des ausgedehnten Massivs auch weitere bedeutende slowakische Flußläufe ihren Anfang – Hron, Hornád und Hnilec. Die Qualität des Ausblickes vom mit bizarren Felsgebilden geschmückten Gipfel **Kráľova hoľa** (1 946 m) zeugt davon, daß dieser dominante Berg in der Mitte der Slowakei so gut von vielen nahen und entfernteren Stellen zu sehen ist. Im Süden sind die Hochebene Muránska planina und Stolické vrchy zu sehen, im Osten liegt die Karsthochebene des Slowakischen Paradieses, der westliche Teil des Landschaftspanoramas gehört dem Haupt-

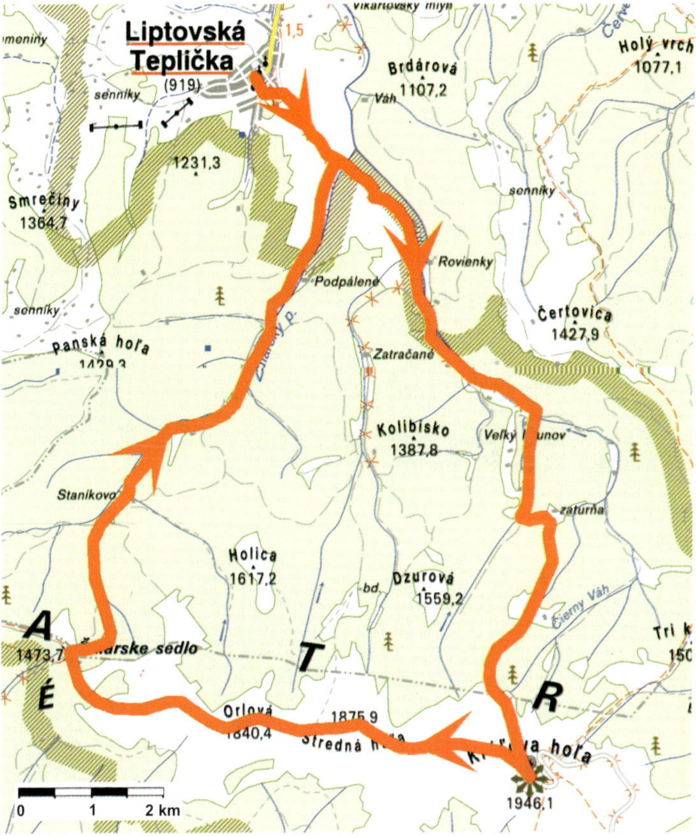

kamm der Niederen Tatra und einigen bedeutenden Erhebungen, die sich aus den Seitengebirgskämmen des Gebirges erheben. Den schönsten Horizont stellt aber der Norden mit der Hohen Tatra und Westtatra dar, die hoch über dem Becken Podtatranská kotlina aufragen. Der folgende Abschnitt des Ausfluges führt noch nicht in das Tal von Čierny Váh zurück. Zuerst müssen wir über den höchsten und schönsten Abschnitt des östlichen Teiles des Kammes der Niederen Tatra gehen. Von Kráľova hoľa laufen wir auf der leicht sich senkenden **Cesta hrdinov SNP** mit der roten Marke (E8, 0801). Der Weg überwindet nacheinander den gerundeten Dreiergipfel Stredná hoľa (1 876 m), Orlová (1 840 m) und Bartková (1 790 m), bedeckt mit Alpenwiesen und ausgedehnten Trümmerfeldern. Erst im Sattel **Ždiarske sedlo** (1 473 m) biegen

Kráľova hoľa - Gipfel

wir rechts ab und treten auf der blauen Marke (2848) den verhältnismäßig langen Rückweg nach Liptovská Teplička an. Der vom Sattel herabführende Weg kommt schon bald in Fichtenwald und sinkt in einer Serie von Serpentinen bis zu einem der Ausläufer des Tales **Ždiarska dolina** hinab. Das Haupttal erreicht er über eine große Bergwiese oberhalb des Forsthauses **Staníkovo** (1 100 m). Eine bequeme Straße führt uns durch das Tal hinunter, die sich an der Gabelung **Výpad** (907 m) mit unserer Aufstiegsstrecke verbindet. Wir sind erneut auf der Straße, auf der wir am Morgen nach Kráľova hoľa hinaufstiegen. Jetzt gehen wir auf der kurzen grün markierten Strecke (5732) in umgekehrter Richtung. Leicht erreichen wir das Ziel unserer Tour in **Liptovská Teplička**.

Massiv von Kráľova hoľa

22 Durch die Umgebung von Liptovská Teplička

Liptovská Teplička – Doštianka – Liptovská Teplička

Lage: Niedere Tatra (Norden) - östlicher Teil.
Ausgangs- und Zielpunkt: Liptovská Teplička, Haltestelle SAD, Parkplatz.
Zeitplan: Liptovská Teplička - Kufajka ¼ Std. - Poldvorné ¼ Std. - Doštianka ¾ Std. - Liptovská Teplička 1 Std.
Insgesamt: 2 ¼ Stdn.
Höhenunterschied: 345 m.
Karte: Nízke Tatry - Kráľova hoľa 1 : 50 000 (Blattnr. 123), VKÚ, š. p., Harmanec.

Schwierigkeitsgrad: Leichter und kurzer Spaziergang auf Feldstraßen um das Dorf herum, auch für weniger rüstige Touristen geeignet.
Basistour: Zu einem Erholungsspaziergang starten wir von der in der oberen Liptau liegenden Gemeinde **Liptovská Teplička** (919 m). Vom Zentrum der Gemeinde gehen wir auf der Hauptstraße das Dorf in nördlicher Richtung zum Ortsteil **Kufajka** (890 m) hinunter. Hier biegen wir in die einzige linksseitige Straße ein. Wir gehen bis zu ihrem Ende und laufen auf einer auf dem Grunde des flachen Tales in Richtung Westen führenden Feldstraße weiter. Die Straße kommt auf der Bergwiese **Poldvorné** an Heuschobern vorbei. Am Ende des Tales steigt sie auf Hochlandweiden hinauf. Die Heuschober, die hier noch vor nicht langer Zeit in reichlicher Zahl vorhanden waren, sind heute zum größten Teil zerstört. Wir laufen ständig auf der nach Westen gerichteten Straße, die leicht auf den kahlen gerundeten Gipfel **Doštianka** (1 235 m)

Liptovská Teplička

hinaufsteigt. Wir setzen unseren Weg durch die malerische Landschaft des Beckens Teplická kotlina fort und kehren an die Gabelung bei den Heuschobern zurück. Hier biegen wir rechts auf eine Feldstraße ab, die uns zu einem Kreuz führt. Am Kreuz biegen wir links auf die nach Osten führende Straße. Einen leichten Hang gehen wir zur Straße in das Tal Teplička hinunter. Die Straße bringt uns bequem nach **Liptovská Teplička.**

Liptovská Teplička

23 Kozí kameň

Lučivná – Lopušná dolina – Kozí kameň – Vikartovce

Lage: Kozie chrbty.
Ausgangspunkt: Lučivná, Haltestelle SAD, Haltestelle ŽSR, Parkplatz.
Zielpunkt: Vikartovce, Haltestelle SAD, Parkplatz.
Zeitplan: Lučivná - Table ¾ Std. - Lopušná dolina ¼ Std. - Tabličky 1 Std. - Kozí kameň ½ Std. - Tabličky ½ Std. - Jakubčáková ½ Std. - Vikartovce ¾ Std.
Insgesamt: 4 ¼ Stdn.
Höhenunterschied: 585 m.
Karte: Nízke Tatry - Kráľova hoľa 1 : 50 000 (Blattnr. 123), VKÚ, š. p., Harmanec.

Schwierigkeitsgrad: Leichte Halbtagstour auf guten Straßen und Wegen mit guter Orientierung. Die Steigungen sind mäßig und anspruchslos.
Basistour: Die Tour beginnt am Bahnhof in **Lučivná** (670 m). Sie verläuft auf der gelben Marke durch die Ortschaft und führt nach Süden zu den Feldern an einem leichten Hang. Sie führt durch eine flache, einen kleinen Fichtenwald umgehende, Einsenkung nach oben. Auf dem Wiesengipfel **Table** (886 m) bietet sich über dem Skilift eine der vielen großartigen Aussichten auf die Hohe Tatra. Von hier aus gehen wir durch Fichtenwald zur Hüttensiedlung im Tal **Lopušná dolina** (770 m). An der Gabelung benutzen wir die grüne Marke (5731) in Richtung Südosten, die in das Tal Kúty hinaufführt. Hinter der Erholungseinrichtung mit Skilift an der rechten Seite teilt sie sich bei dem Forsthaus Štefánikova horáreň. Die rechte Seite verläuft bis zum Sattel **Tabličky** (1 060 m). Von ihr biegt auf den Gipfel **Kozí kameň** (1 255 m) der Wanderweg mit der blauen Marke (2834) ab. Die

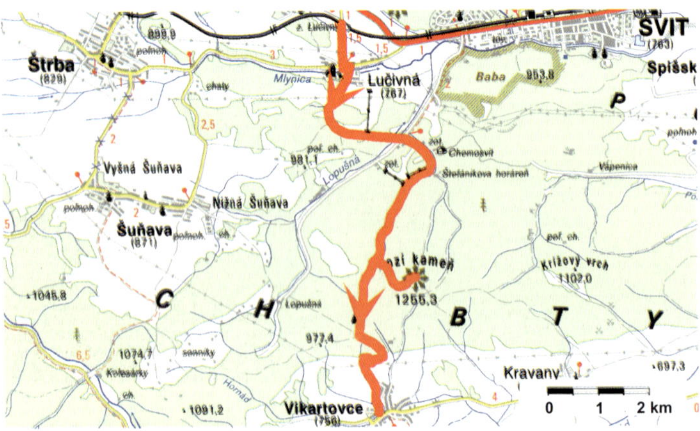

schönste Aussicht auf die Hohe Tatra bietet der nördliche Rand des Gipfelplateaus. Der Weg geht weiter nach Osten bis Spišská Teplica. Wir kehren jedoch zum Sattel Tabličky zurück. Der Weg durch den Wald führt uns leicht an einem breiten Kahlschlag vorbei auf die Bergwiese **Jakubčáková** (970 m). Hierher führt neben der grünen auch die gelbe Marke (8747) aus dem Tal Malá Lopušná dolina. Die Basistour geht auf der grünen Marke Richtung Süden weiter. Der Weg senkt sich und nach einer Weile kommt er aus dem Wald heraus. Von dieser Stelle ist das Ziel unserer Tour – die Ortschaft **Vikartovce** (756 m) zu sehen.
Varianten: Der Aufstieg auf Kozí kameň ist von drei weiteren Ausgangspunkten aus möglich, von Spišská Teplica (bis zum Gipfel 3 ½ Stdn.), von Vikartovce (bis zum Gipfel 2 Stdn.) und von Svit aus (2 ½ Stdn.).

Panorama der Tatra aus Lučivná

24 Veľký bok

Svarín - Svarínska dolina - Veľký bok - Hodruša - Malužiná

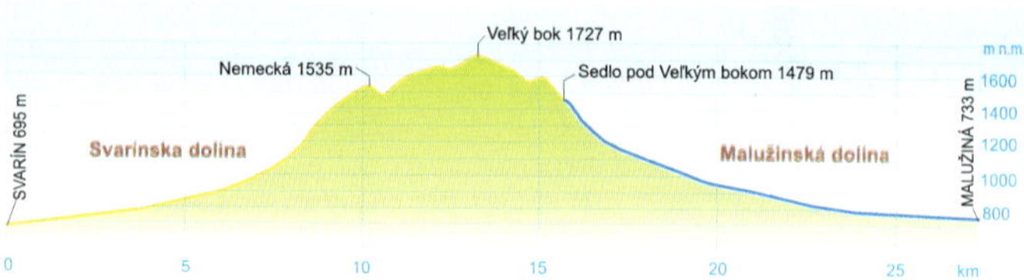

Lage: Niedere Tatra (Norden) - östlicher Teil.
Ausgangspunkt: Svarín, Parkplatz.
Zielpunkt: Malužiná, Haltestelle SAD, Parkplatz.
Zeitplan: Svarín - Nemecká 2 ½ Stdn. - Veľký bok 1 Std. - Sedlo pod Veľkým bokom ½ Std. - Hodruša ½ hod - Škarkétka ¾ Std. - Predné ¾ Std. - Malužiná 1 ¼ Stdn. **Insgesamt:** 7 ¼ Stdn.
Höhenunterschied: 1 032 m.
Karte: Nízke Tatry - Kráľova hoľa 1 : 50 000 (Blattnr. 123), VKÚ, š. p., Harmanec.

Schwierigkeitsgrad: Mittelschwere und anspruchsvolle Hochgebirgstour.
Basistour: Von der Ortschaft **Svarín** (695 m) gehen wir in einer Kurve der zum Fluß Čierny Váh führenden Straße auf der gelben Marke (8626) in Richtung Süden. Eine bequeme Asphaltstraße führt in das Felstal Varínska dolina hinauf, das sich stellenweise zu einer bizarren Schlucht verengt. Von der Waldhütte Katka ab wird das Profil der Straße steiler und bei einer weiteren Hütte hinter dem Tal teilt sich diese. Die Strecke der Tour geht in das Tal Torysa, das an seinem Ende steile Rinnen aufweist, die den Hang zwischen Nemecká und Veľký bok zerteilen. Die Marke verläuft durch die linke Rinne und den steilen bewaldeten Hang bis auf einen waagerechten Weg hinauf, der zum flachen kleinen Sattel auf dem Kamm links von Nemecká führt. Im Sattel biegt die Strecke nach rechts auf den Kamm, der uns bis unter den kahlen Gipfel **Nemecká** (1 535 m) bringt. Dem eigentlichen Gipfel mit einer schönen Aussicht auf die Tatra weicht der Wanderweg etwas aus. Die niedrige touristische Tafel auf Nemecká ist im Winter unter Schnee begraben. Auf dem kahlen Kamm verliert sich der Weg nahezu und die Richtung des Aufstieges weisen Zeichen an den Steinen. Auf den ausgedehnten Gipfel **Veľký bok** (1 727 m) gelangen wir von der rechten Seite der hochgelegenen Karsthochebene, die mit steilen Hängen nach Norden abfällt. Vom Gipfel Veľký bok, der den Touristen einen Rundblick in die Landschaft bietet, kehrt unsere Strecke zur Karsthochebene zurück. Dieses Mal hält sie sich an den anderen (westlichen) Rand. Die Abstiegsstrecke führt nach Süden und senkt sich auf einer steinigen Straße bis zu einem spärlichen

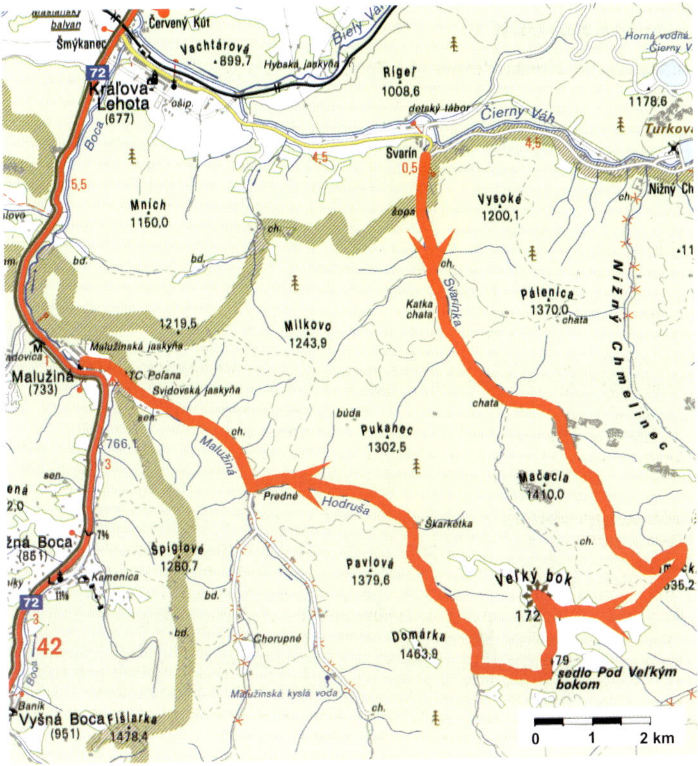

Wald, durch den wir den Sattel **Sedlo pod Veľkým bokom** (1 479 m) erreichen. Im flachen Sattel verlassen wir die gelbe Marke. Es erwartet uns ein verhältnismäßig unangenehmer Abstieg in Serpentinen auf einer alten Grubenstraße bis zum Bach am Grunde des Tales. Er ist blau (2715) markiert. Von der Jagdhütte **Poľovnícka chata v Hodruši** (1 195 m) ab ändert sich das Profil der Strecke erheblich. Es erwartet uns ein zwar langer, aber insgesamt bequemer Abschnitt der Strecke, die auf einer befestigten Straße das Tal **Hodruša** hinunterführt. Am Forsthaus **Predné** (810 m) mündet Hodruša in das gewaltige Tal **Malužinská dolina**, durch das wir auf einer Asphaltstraße bis zur Zielortschaft **Malužiná** (733 m) hinuntergehen.

25 Rovná hoľa

Nižná Boca - Črchľa - Rovná hoľa - Bocianske sedlo - Vyšná Boca

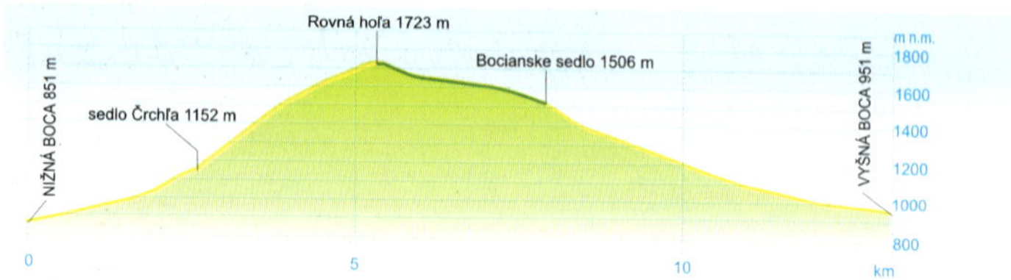

Lage: Niedere Tatra (Norden) - westlicher Teil.
Ausgangspunkt: Nižná Boca, Haltestelle SAD, Parkplatz.
Zielpunkt: Vyšná Boca, Haltestelle SAD, Parkplatz.
Zeitplan: Nižná Boca - Črchľa 1 Std. - Rovná hoľa 1 ½ Stdn. - Bocianske sedlo 1 Std. - Pod Starou Bocou 1 Std. - Vyšná Boca ¼ Std. **Insgesamt:** 4 ¾ Stdn.
Höhenunterschied: 872 m.
Karte: Nízke Tatry - Kráľova hoľa 1 : 50 000 (Blattnr. 123), VKÚ, š. p., Harmanec.

Schwierigkeitsgrad: Mittelschwere und anspruchsvolle halbtägige Hochgebirgstour. In der ersten Phase erwartet uns ein verhältnismäßig steiler und bei Regen rutschiger Aufstieg. Auf den Gipfelabschnitten ist die Orientierung bei schlechten Sichtverhältnissen erschwert.
Basistour: Direkt von der Autobushaltestelle an der Landstraße, die von Westen die Ortschaft **Nižná Boca** (851 m) umgeht, gehen wir auf der gelben Marke (8627) in Richtung Westen. Die Aufstiegsstrecke verläuft auf einer Straße das grasbewachsene Tal hinauf. Von der Straße biegen wir auf einen Weg ab, der am Ende eines kleinen schüsselförmigen Tales bis zum Sattel **Črchľa** (1 152 m) hinaufsteigt. Vom Sattel bietet sich ein schöner Blick auf die Felsgalerie des nahen Ohnište. Im Sattel biegen wir links auf den bewaldeten steilen nordöstlichen Rücken von Rovná hoľa. Bei einem kleinen Felsbrocken steigen wir über die obere Baumgrenze hinaus. Wir laufen weiter durch dichtes Krummholz bis zu einem Plateau, auf dem wir in Traversen nach links auf den gemäßigteren

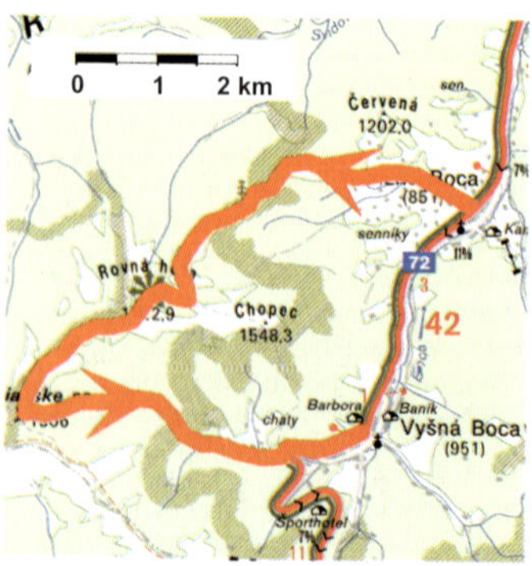

Rovná hoľa

südöstlichen Rücken von Rovná hoľa gelangen. Krummholz ist überall vorhanden, auch auf dem Gipfel **Rovná hoľa** (1 723 m) selbst. Glücklicherweise verhindert es nicht einen schönen Rundblick. Von Rovná hoľa werden wir nach Südwesten auf der grünen Marke (5619) hinabsteigen. Die Strecke führt im oberen Teil, mit Ausnahme eines Abschnittes, unter dem Kamm auf der südlichen Seite abwechselnd durch Krummholzkiefern und durch grasbewachsene Lichtungen. Stellenweise lassen sich Spuren längst vergangener Bergbautätigkeit erkennen. Tiefer verläuft der Weg über den kahlen Rücken, von dem sich schöne Ausblicke in das Tal Jánska dolina und auf die Gruppe Ďumbier bieten. Im breiten grasbewachsenen Sattel **Bocianske sedlo** (1 506 m) biegen wir links auf die gelbe Marke (8428) ab. Mit ihr erreichen wir das Tal Starobocianska dolina. Der obere Abschnitt des Abstieges verläuft in Serpentinen auf einer alten Grubenstraße. An einer kesselartigen Bergwiese betreten wir eine nicht so steil absteigende Fahrstraße. Neben dem Bach Boca laufen wir bis zur Gabelung **Pod Starou Bocou**. Zur nahen Ortschaft **Vyšná Boca** (951 m) gelangen wir neben der frequentierten Hauptstraße.

26 Über den Lehrpfad um Váh herum

Liptovský Ján – Liptovská Porúbka

Lage: Niedere Tatra (Norden) - westlicher Teil, Liptovská kotlina.
Ausgangspunkt: Liptovský Ján, Haltestelle SAD, Parkplatz.
Zielpunkt: Liptovská Porúbka, Haltestelle SAD, Parkplatz.
Zeitplan: Liptovský Ján - Kaštieľske lazy ½ Std. - Váh ½ Std. - Hrádocký most 1 Std. - Liptovská Porúbka ½ Std.
Insgesamt: 2 ½ Stdn.
Höhenunterschied: 36 m.
Karte: Nízke Tatry - Kráľova hoľa 1 : 50 000 (Blattnr. 123), VKÚ, š. p., Harmanec.

Schwierigkeitsgrad: Leichter und anspruchsvoller Spaziergang mit minimalen Höhenunterschieden auf der Strecke des Lehrpfades. Im Abschnitt der Mündung von Belá in Váh muß man sich auf dem nicht ausgebauten Weg vor herabfallenden Steinen und Erde vorsehen
Basistour: An der Quelle am oberen Ende der Gemeinde **Liptovský Ján** (634 m) beginnt der Lehrpfad zur Mineralquelle **Náučný chodník k minerálnemu prameňu**. Er hat insgesamt 6 Stationen, die verschiedene Themen aus den Gebieten Karst, Höhlen und Flößerei auf Váh erläutern. Die Strecke des Lehrpfades umgeht zuerst den bewaldeten Ausläufer des Rückens Kameničná, er verläuft dicht an seinem Hang. Gegenüber vom Hotel Sankt Johann dreht er sich in einem Bogen nach Südosten. Nicht ganz einen Kilometer hinter der Skipiste bei **Kaštieľske lazy** (670 m) gerät die Ausflugsstrecke in unmittelbare Nähe des Flußbettes Váh, vorbei an ausgezeichneten Mineralwasserquellen. Weiter verläuft der Lehrpfad stromauf, die Mäan-

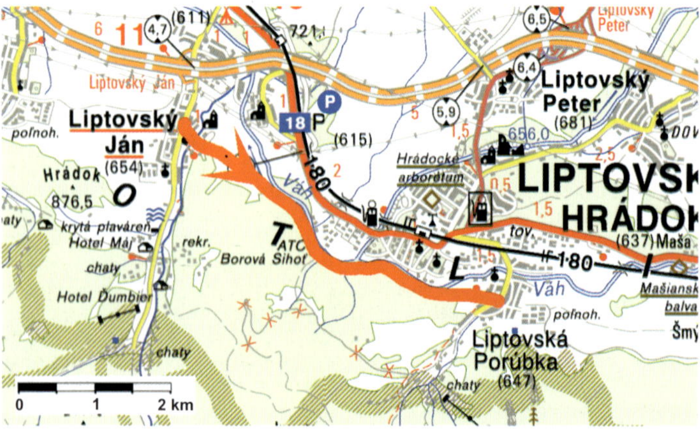

der des Flusses kopierend. Am anderen Ufer ist vom Lehrpfad aus der Autocampingplatz Borová Sihoť zu sehen und einen halben Kilometer höher kann man die Mündung des reißenden Flüßchens Belá in Váh beobachten. Hinter dem folgenden Bogen von Váh befindet sich die Brücke **Hrádocký most**, über die man vom Lehrpfad abbiegen und den Ausflug in Liptovský Hrádok am rechten Flußufer beenden kann. Von der Brücke verläuft der Lehrpfad zusammen mit der roten Markierung, die die Touristen zum Aufstieg in das Tal Brtkovičná und nach Smrekovica benutzen. Nach ungefähr einem Kilometer hinter der Brücke biegt die Strecke vom Flußbett ab und führt zur Zielgemeinde **Liptovská Porúbka** (650 m).

Natürliches Schwimmbad in Liptovský Ján

27 Ohnište

Liptovský Ján - Jánska dolina - Ohnište - Slemä - Stanišovská dolina - Liptovský Ján

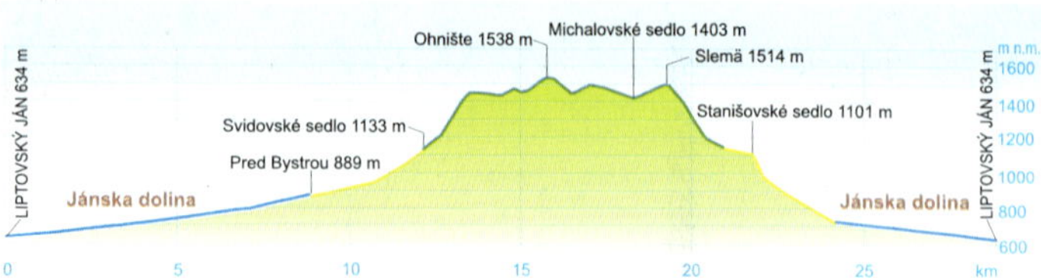

Lage: Niedere Tatra (Norden) - westlicher Teil.
Ausgangs- und Zielpunkt: Liptovský Ján, Haltestelle SAD, Parkplatz.
Zeitplan: Liptovský Ján - Stanišovská dolina-Mündung 1 Std. - Pred Bystrou 1 ¼ Std. - Svidovské sedlo 1 ¼ Stdn. - Ohnište 1 ½ Stdn. - Michalovské sedlo ¾ Std. - Slemä ¾ Std. - Stanišovské sedlo 1 Std. - Stanišovská dolina-Mündung ¾ Std. - Liptovský Ján 1 Std.
Insgesamt: 9 ¼ Stdn.
Höhenunterschied: 904 m.
Karte: Nízke Tatry - Chopok, Nízke Tatry - Kráľova hoľa 1 : 50 000 (Blattnr. 122, 123), VKÚ, š. p., Harmanec.

Schwierigkeitsgrad: Schwere und anspruchsvolle ganztägige Tour auf größtenteils gut ausgebauten Wegen und Straßen, die nicht über die obere Baumgrenze hinausreichen. Anstrengend ist sie wegen ihrer Länge.
Basistour: Die Tour beginnt in der ehemals berühmten Landadelgemeinde **Liptovský Ján** (634 m). Der angenehmen Erfrischung im Bassin des örtlichen Schwimmbades widerstehend gehen wir auf der Asphaltstraße mit der blauen Markierung (2626), die das Tal **Jánska dolina** hinaufführt. Nach einem Marsch von ungefähr einer Stunde kommen wir auf der linken Seite an der gelb markierten Abzweigung in das Tal Stanišovská dolina vorbei, durch das wir am Ende unserer Tour zurückkehren werden. Die bequeme Wanderung durch das Tal macht uns bis hinter das Forsthaus **Pred Bystrou** (889 m) die wechselnde Landschaftsszenerie der mannigfaltigen Felsgebilde noch angenehmer, hinter denen sich eine Vielzahl von Höhlen, Schlundlöchern und Sprudelquellen verbirgt. Beim Forsthaus biegen wir links auf die gelbe Marke (8625) ab, die über die Bergwiese **Púchalky** (940 m) zum Sattel Svidovské sedlo führt. Auf dem Wege zeigt sich uns zum ersten Mal die imposante Felsgalerie von **Ohnište** (1 538 m) in voller Schönheit, auf deren Gipfelplateau wir schon bald vom Sattel **Svidovské sedlo** (1 133 m) hinaufsteigen. Den Aufstieg sichert ein zwar sehr steiler, aber gut ausgebauter Weg mit grüner Markierung (5619). Zum eigentlichen Gipfel führt eine kurze Abzweigung von der ausgedehnten Plateaubergwiese **Ohnište** (1 508 m). Wir orientieren uns an den grünen Dreiecken. Nicht weit vom Gipfel liegen die

125 m tiefe Schlucht **Veľká ľadová priepasť** und eine 10 Meter hohe Öffnung im Felsen mit der treffenden Bezeichnung **Okno** [Fenster]. Die grüne Marke (5619) verläuft von der Bergwiese des Ohnište über das bewaldete Plateau in nordwestlicher Richtung. Hinter dem flachen Sattel **Michalovské sedlo** (1 403 m) steigt sie in Serpentinen zum bewaldeten Gipfel **Slemä** (1 514 m) hinauf. Die verbliebenen Flugzeugtrümmer und ein symbolischer Grabhügel dokumentieren das tragische Ereignis, das sich während des Zweiten Weltkrieges in der Nähe seines Gipfels abgespielt hat. Vom Grabhügel bietet sich ein schöner Ausblick in das Tal Jánska dolina und nach Poludnica. Von Slemä geht der Weg in Serpentinen bergab zum Tal Brtkovičná dolina. Beim Abstieg kommen wir an dem rekonstruierten Bunker aus der Zeit des SNP [Slowakischer Nationalaufstand] vorbei. An der Gabelung über der Wiese **Brtkovica** (1 169 m) mit Heuschobern biegen wir links auf den Weg mit der gelben Marke (8624) ab, der zum Sattel **Stanišovské sedlo** (1 101 m) hinaufsteigt. An der Gabelung im Sattel gehen wir auf der gelben Marke weiter und steigen in das Tal Stanišovská dolina hinunter. Wir gehen durch das ganze Tal bis zu seiner Mündung in das Tal Jánska dolina. An der Gabelung in der Mündung des Tales **Stanišovská dolina** (718 m) biegen wir rechts auf die blaue Marke (2626) ab und setzen unseren Weg durch das Tal Jánska dolina hindurch bis nach **Liptovský Ján** fort.

28 Smrekovica

Liptovský Ján - Stanišovská dolina - Smrekovica - Liptovský Ján

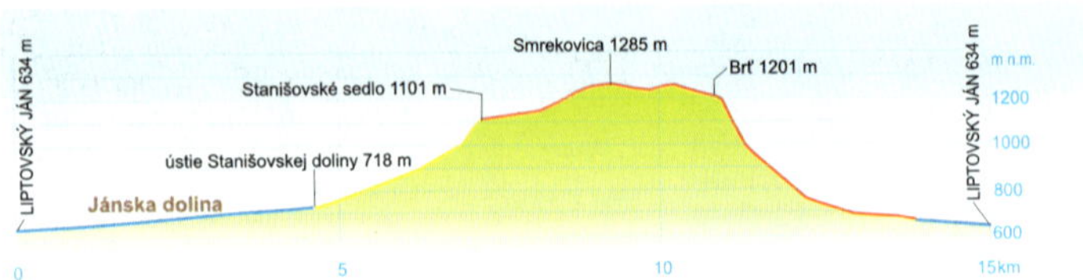

Lage: Niedere Tatra (Norden) - westlicher Teil.

Ausgangs- und Zielpunkt: Liptovský Ján, Haltestelle SAD, Parkplatz.

Zeitplan: Liptovský Ján - Stanišovská dolina-Mündung 1 Std. - Stanišovské sedlo 1 ¼ Stdn. - Smrekovica ¾ Std. - Liptovský Ján 1 ½ Stdn. **Insgesamt:** 4 ½ Stdn.

Höhenunterschied: 651 m.

Karte: Nízke Tatry - Chopok, Nízke Tatry - Kráľova hoľa 1 : 50 000 (Blattnr. 122, 123), VKÚ, š. p., Harmanec.

Schwierigkeitsgrad: Mittelschwere und anspruchsvolle Tour auf größtenteils ausgebauten Wegen und Straßen, die nicht über die obere Baumgrenze hinausgehen.

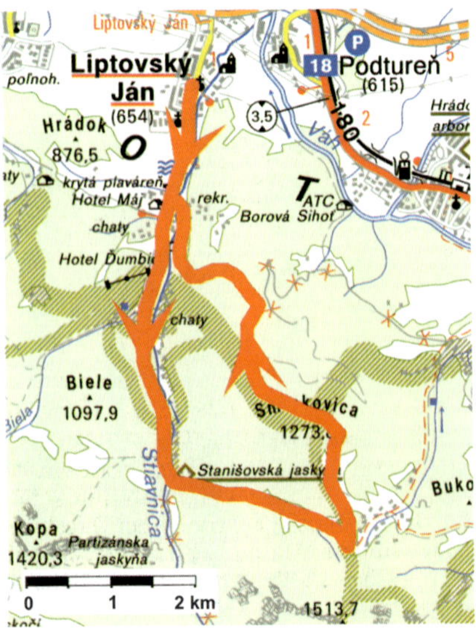

Basistour: Die Tour beginnt in der ehemals berühmten Landadelgemeinde **Liptovský Ján** (634 m). Eine bequeme Asphaltstraße mit blauer Markierung (2626) führt das Tal hinauf. Wir kommen an die Gabelung unterhalb des Schwimmbades (655 m), von der links die rote Marke abbiegt. Wir gehen jedoch das Tal Jánska dolina weiter hinauf, kommen nacheinander am Hotel Ďumbier, der Kureinrichtung Bystrá und mehreren weiteren kleineren Erholungseinrichtungen vorbei, die im unteren Teil des bizarren Tales **Jánska dolina**

verstreut sind. Das Haupttal verlassen wir an der Gabelung in der Mündung des Tales **Stanišovská dolina** (718 m), wo wir links auf den gelb markierten Weg (8624) abbiegen. Wir steigen das Tal Stanišovská dolina abwechselnd durch Wald und Wiesen bis zum Sattel **Stanišovské sedlo** (1 101 m) hinauf. Der Sattel befindet sich in einer hübschen Wiesenlandschaft am Ende des Tales Brtkovičná. An der Gabelung im Sattel biegen wir links auf den rot markierten Weg (0863) ab. Vom Sattel ab gehen wir auf dem Kamm. Der Weg verläuft im unteren Teil an der Grenze zwischen Wald und Wiesen. Höher geht er tiefer in den Wald hinein und wird steiler. Ein gemäßigteres Profil erreicht er erst in den höchsten Teilen des Massivs **Smrekovica** (1 285 m). Dem eigentlichen Gipfel weicht die Strecke an der rechten Seite aus. In Traversen verläuft sie am nördlichen Hang der nicht wegzudenkenden Dominante des nahen Liptovský Hrádok und weiter senkt sie sich dann leicht auf dem Kamm bis zur Kote **Brť** (1 201 m). An dieser Stelle biegt der Weg leicht nach rechts und senkt sich sehr steil durch den Wald bergab. An einem kleinen Plateau im Hang biegt er nach rechts und führt durch ein kleines Seitental am Bächlein Albertovica entlang hinab. Über den Hütten in der Mündung des Tales biegen wir nach rechts auf eine abschüssige Wiese. Auf der Zufahrtsstraße zur Pension Marta kommen wir bis zur Gabelung unterhalb des Schwimmbades. Eine geeignete Ergänzung ist auch ein abschließender Spaziergang durch die Ortschaft **Liptovský Ján**, die reich an verschiedenen kulturhistorischen Sehenswürdigkeiten ist.

Tal Jánska dolina

29 Ďumbier von Liptovský Ján aus

Liptovský Ján – Jánska dolina – Chata gen. M. R. Štefánika – Ďumbier – Jánska dolina – Liptovský Ján

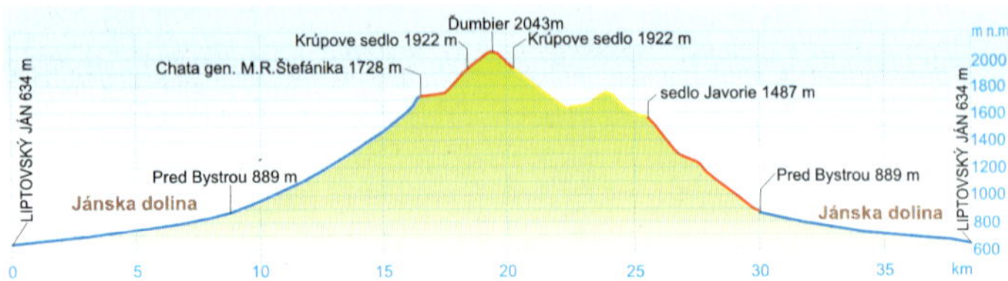

Lage: Niedere Tatra (Norden) - westlicher Teil.

Ausgangs- und Zielpunkt: Liptovský Ján, Haltestelle SAD, Parkplatz.

Zeitplan: Liptovský Ján - Stanišovská dolina-Mündung 1 Std. - Pred Bystrou 1 ¼ Stdn. - Chata gen. M. R. Štefánika 2 ¾ Stdn. - Rázcestie na Krúpove sedlo ½ Std. - Krúpove sedlo ½ Std. - Ďumbier ¾ Std. - Krúpove sedlo ½ Std. - Prašivá ½ Std. - Javorie ¾ Std. - Pred Bystrou 1 ¼ Stdn. - Stanišovská dolina-Mündung 1 Std. - Liptovský Ján 1 Std.

Insgesamt: 11 Stdn.

Höhenunterschied: 1 409 m.

Karte: Nízke Tatry - Chopok 1 : 50 000 (Blattnr. 122), VKÚ, š. p., Harmanec.

Schwierigkeitsgrad: Schwere und anspruchsvolle ganztägige Hochgebirgstour mit großem Höhenunterschied, die für die Sommerzeit geeignet ist.

Basistour: Die Tour beginnt in der Gemeinde **Liptovský Ján** (634 m) und der erste Abschnitt ist identisch mit der Tour Nr. 27. Mit einem bequemen Aufstieg auf der blauen Marke (2626) das schöne, bizarre Tal Jánska dolina hinauf gelangen wir bis zum Forsthaus **Pred Bystrou** (889 m). Hier richten wir uns weiter nach der Talachse, die hier Štiavnica heißt und gehen auf der blauen Marke weiter. Im unteren Teil des Tales hält sich die Straße am linken Ufer des Baches. Über der Sennhütte Brenkus wird sie zu einem durch Lichtungen und Krummholzkiefern führenden Weg, der mit seinem großen Bogen die Form des oberen Teiles des Tales kopiert. Am Ende einer Gletschervertiefung zwischen den Kämmen Ďumbier und Králička steigt der Weg mit Hilfe von ausgebauten Serpentinen den steilen Hang hinauf. Nach dem langen Aufstieg können wir uns eine Weile in der Hütte **Chata gen. M. R. Štefánika** (1 728 m) ausruhen und erfrischen. Auf dem weiteren Abschnitt benutzen wir ein kurzes Stück des Hauptkammweges, der rot markiert ist (E8, 0801). In schrägen Traversen steigen wir auf dem Weg zur Gabelung im Sattel **Krúpove sedlo** (1 922 m) hinauf. Von der Gabelung führt eine kurze steile Abzweigung zum Gipfel **Ďumbier** (2 043 m). Nach Genuß des einzigartigen Ausblickes auf die höchsten Gipfel der Niederen Tatra kehren wir auf der gleichen Strecke zur Gabelung im Sattel Krúpove

sedlo zurück. Von hier werden wir auf der gelben Marke (8620) in nördlicher Richtung weitergehen, die dem seitlichen Gebirgsnebenzug Krakova hoľa folgt. Von dem sich senkenden Weg bieten sich den Touristen ungewöhnliche Ausblicke auf die zerklüfteten Nordhänge von Ďumbier, die sich bis zum Ende der Täler Bystrá und Ludárová dolina hinabsenken. In dieser Richtung hebt sich die leichte, **Kráľov stôl** (1 775 m) genannte, Erhöhung hervor. Der Weg senkt sich zu Beginn steil, später mildert sich dies. Eine kleine Erhöhung im Nebenkamm **Prašivá** (1 667 m) umgehen wir links und erneut gehen wir steiler bergab bis zur kahlen Biegung **Salašky** (1 556 m). Zum Hang **Tanečnica** (1 681 m) führt ein leicht ansteigender Weg. Dem eigentlichen Gipfel, versteckt im dichten Krummholz, weicht er links aus. Die gelbe Marke begleitet uns bis zum Sattel **Sedlo Javorie** (1 487 m), hinter dem sich majestätisch Krakova hoľa erhebt. Im Sattel biegen wir rechts auf die rote Marke (0861) ab. Wir gehen zuerst auf einem steilen Waldweg und tiefer auf einer Straße mit hartem Belag weiter, die uns zum Forsthaus **Pred Bystrou** bringt, wo wir unseren Aufstieg durch das Tal Štiavnica begonnen haben. Auf der schon bekannten Strecke mit der blauen Marke (2626) kehren wir nach **Liptovský Ján** zurück.

30 Poludnica

Il'anovo - Poludnica - Suchá dolina - Opalisko - Závažná Poruba

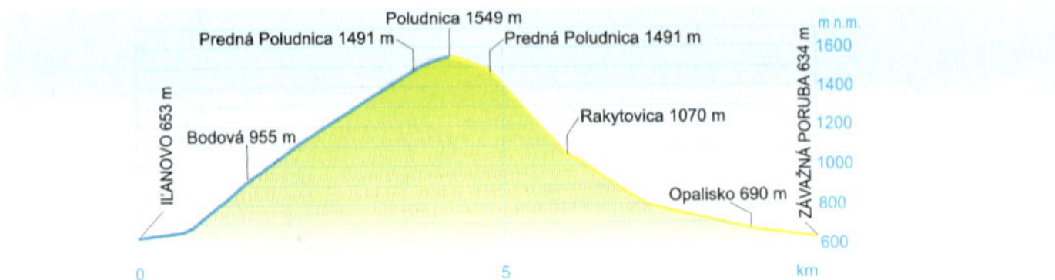

Lage: Niedere Tatra (Norden) - westlicher Teil.
Ausgangspunkt: Il'anovo, Haltestelle SAD, Parkplatz.
Zielpunkt: Závažná Poruba, Haltestelle SAD, Parkplatz.
Zeitplan: Il'anovo - Bodová ¾ Std. - Predná Poludnica 1 ¼ Stdn. - Poludnica ¼ Std. - Predná Poludnica ¼ Std. - Rakytovica ¾ Std. - Opalisko ¾ Std. - Závažná Poruba ¼ Std.
Insgesamt: 4 ¼ Stdn.
Höhenunterschied: 915 m.
Karte: Nízke Tatry - Chopok 1 : 50 000 (Blattnr. 122), VKÚ, š. p., Harmanec.

Schwierigkeitsgrad: Mittelschwere und anspruchsvolle Halbtagstour mit verhältnismäßig steilem Auf- und Abstieg. Auf dem deutlichen Weg ist die Orientierung verhältnismäßig leicht.
Basistour: Die Tour beginnt am oberen Ende der Gemeinde **Il'anovo** (653 m). Wir kommen auf der Straße an einem landwirtschaftlichen Gehöft und einem Skiareal an der Gabelung im Tal Il'anovská dolina (650 m) vorbei. Hier biegen wir nach links ab. Der blauen Marke (2709) folgend steigen wir in den Hang von Vápenná (792 m). Der Weg verläuft durch den Wald am Hang des Seitentales auf die Bergwiese **Bodová** (955 m) hinauf. Am oberen Ende der Bergwiese betreten wir erneut den Wald und überwinden den nordwestlichen Rücken von Predná Poludnica. Die Schönheit der Natur in der Umgebung des Weges wird durch zahlreiche Felsgebilde noch verstärkt. Steilere Abschnitte des Aufstieges überwindet der Weg mit Hilfe von Serpentinen und über eine steile Stufe führt eine Metallleiter. Belohnung für den anstrengenden Aufstieg ist der schöne Ausblick

Kamm der Niederen Tatra von Poludnice

auf Liptau von **Predná Poludnica** (1 491 m). Für einen noch großartigeren Ausblick müssen wir noch etwas höher auf **Poludnica** (1 549 m) hinaufsteigen. Der Höhenunterschied von nahezu tausend Metern erweckt beim Blick auf die Oberfläche des Stausees Liptovská Mara den Eindruck als würden wir auf das „Liptauer Meer" vom Flugzeug aus herabsehen. Von der höher liegenden Poludnica kann man auch den Hauptkamm der Niederen Tatra mit Ďumbier sehen. Wir kehren zur Gabelung an **Predná Poludnica** zurück und biegen rechts auf die gelbe Marke (8623). Der Weg geht steil bergab auf dem felsigen Kamm bis zur Bergwiese **Rakytovica** (1 070 m). An der Gabelung am oberen Rand der Bergwiese kommen wir auf einen gelb markierten Weg, der am rechten Rande der Wiese in Richtung des Tales **Suchá dolina** hinabführt. Durch das steile Tal absteigend kommen wir zum Erholungszentrum **Opalisko** (690 m). In der Mündung des Tales Suchá dolina gehen wir links an den Hotels Bohunice und Tatrín vorbei. In der unteren breiten Senke kommen wir an der Hütte Opalisko vorbei. Über der Hütte ist die Skipiste zu sehen, die durch ihre Steilheit zu den schwersten und gefürchtetsten in der Slowakei gehört. Zur Gemeinde **Závažná Poruba** (634 m) gelangen wir auf einer leicht bergabführenden befestigten Straße.

31 Demänovská hora

Pavčina Lehota – Demänovská hora – Il'anovské sedlo – Demänovská dolina – Pavčina Lehota

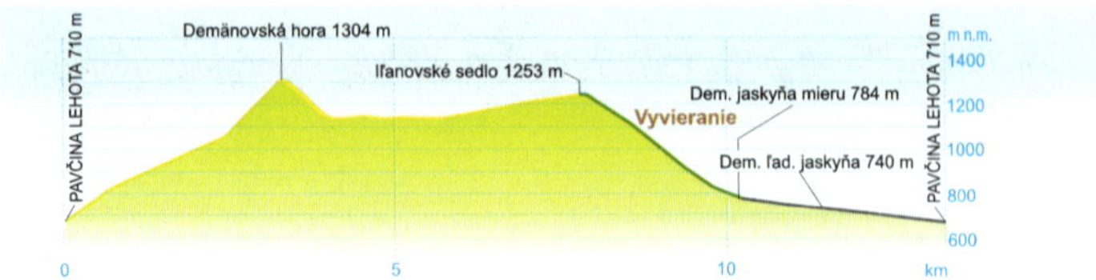

Lage: Niedere Tatra (Norden) - westlicher Teil.

Ausgangs- und Zielpunkt: Pavčina Lehota, Haltestelle SAD, Parkplatz.

Zeitplan: Bystrina - Pod Demänovskou horou 1 ½ Stdn. - Demänovská hora ½ Std. - Pod Demänovskou horou ¼ Std. - Il'anovské sedlo 1 ¾ Stdn. - Demänovská jaskyňa mieru ¾ Std. - Demänovská ľadová jaskyňa ½ Std. - Pavčina Lehota ¾ Std. **Insgesamt:** 6 Stdn.

Höhenunterschied: 614 m.

Karte: Nízke Tatry - Chopok 1 : 50 000 (Blattnr. 122), VKÚ, š. p., Harmanec.

Schwierigkeitsgrad: Mittelschwere und anspruchsvolle Tour mit verhältnismäßig steilem Auf- und Abstieg. Der größte Teil der Strecke verläuft durch Wald.

Basistour: Wir beginnen die Tour an der Autobushaltestelle am **Autocampingplatz Bystrina** (690 m) in der Nähe der Abzweigung nach **Pavčina Lehota** (710 m). Von der Straße zum Campingplatz biegen wir rechts auf einen gelb markierten Weg (8620) ab. Er führt in einem Bogen am Rande des Waldes am Campingplatz und Hotel vorbei zu einer Stelle im Wald, wo sich der Weg nach rechts wendet und in Serpentinen den steilen Hang hinaufsteigt. Die Aufstiegsstrecke hält sich auf dem Rücken zwischen zwei Talhängen mit Ausnahme eines Abschnittes, wo sie in einer großen Serpentine bis in das Tal Dolina Smrekovica hinein reicht. Die oberen Serpentinen führen zur Gabelung **Pod Demänovskou horou** (1 150 m), von der wir auf einen steilen, mit Hinweiszeichen gekenn-

zeichneten Weg abbiegen, damit wir zum Gipfel **Demänovská hora** (1 304 m) gelangen. Das Felsrelief öffnet die sonst dicht bewaldete Landschaft und ermöglicht uns einen schönen Blick auf Liptau. Vom Gipfel, der in alten Karten auch unter der Bezeichnung Demänovská oder Ploštínska Poludnica angeführt wird, steigen wir auf dem gleichen Weg hinab und zwischen Felsen und Wald kommen wir zur Gabelung **Pod Demänovskou horou**. An der Gabelung biegen wir links ab und gehen auf dem gelb markierten Weg weiter. Der Weg hat auf einem langen Stück nahezu waagerechten Verlauf. Mit ihm laufen wir lange in Traversen den Kamm des Nebengebirgskammes an seinem westlichen Hang entlang bis zum Sattel **Iľanovské sedlo** (1 253 m). Hier biegen wir rechts auf den grün markierten Weg (5426) ab, auf dem wir verhältnismäßig steil zu dem sehr schönen bizarren Tal **Vyvieranie** hinabsteigen. Das kleine Karsttal erinnert in seinem Aussehen ein wenig an die Schluchten des Slowakischen Paradieses. Stellenweise kann man nur durch den in die senkrechten Felswände eingeschnittenen Wasserlauf weitergehen. Wir überwinden die Felsstufen mit den sog. „Wirbeltöpfen“, die das wirbelnde Bachwasser in die harten Felsen modelliert hat. Der Grund des Karsttales ist ungewöhnlich trocken, aber nach Regenfällen und der Frühjahrsschneeschmelze kann er sich in einem solchen Maße füllen, daß er nicht passierbar ist. Bestenfalls muß man mit Waten im kalten Wasser des Flußbettes rechnen. Im Winter ist das Tal geschlossen. Das Tal Vyvieranie mündet in das Haupttal Demänovská dolina am Eingang zur Höhle **Demänovská jaskyňa mieru** (784 m) und der gewaltigen Sprudelquelle, durch die das Flußbett Demänovka die unterirdischen Räume des gewaltigen Höhlensystemes der Demänovaer Höhlen verläßt. Eine Rückkehr nach **Pavčina Lehota** ist auf der Straße möglich, die am rechten Ufer von Demänovka an der Hütte Kamenná chata (740 m) unter der Höhle **Demänovská ľadová jaskyňa** vorbeiführt (Tour Nr. 32). Auf dieser Strecke interessiert uns bestimmt der bemerkenswerte überhängende Felsen.

Demänovská hora

32 Demänovská ľadová jaskyňa

Kamenná chata – Demänovská ľadová jaskyňa – Kamenná chata

Lage: Niedere Tatra (Norden) - westlicher Teil.

Ausgangs- und Zielpunkt: Demänovská ľadová jaskyňa, Haltestelle SAD, Parkplatz.

Zeitplan: Kamenná chata - Demänovská ľadová jaskyňa ½ Std. - Kamenná chata ½ Std.

Insgesamt: 1 Std.

Höhenunterschied: 90 m.

Karte: Nízke Tatry - Chopok 1 : 50 000 (Blattnr. 122), VKÚ, š. p., Harmanec.

Schwierigkeitsgrad: Leichter und bequemer Spaziergang auf gut ausgebautem Weg.

Basistour: An der Hütte **Kamenná chata** (740 m) im unteren Teil des Tales Demänovská dolina befinden sich Parkplatz und Autobushaltestelle **Demänovská ľadová jaskyňa**. Zur Höhle gehen wir auf dem **Lehrpfad,** der uns mittels Informationstafeln mit den landschaftlichen Sehenswürdigkeiten des Tales Demänovská dolina bekannt macht unter besonderer Berücksichtigung des örtlichen außerordentlich reichen und wertvollen unterirdischen Karsts. Der Weg überwindet einen Höhenunterschied von 90 Metern. In der Nähe des Einganges zur Höhle befindet sich ein Felsplateau, von dem sich ein einmalig schöner Blick in das bizarre Tal Demänovská dolina bietet. Die Rückkehr zur Hütte **Kamenná chata** erfolgt auf der gleichen Strecke.

Höhle Demänovská ľadová jaskyňa

Höhle Demänovská ľadová jaskyňa

33 Pusté

Demänovská jaskyňa slobody - Pusté - Vyvieranie - Demänovská jaskyňa slobody

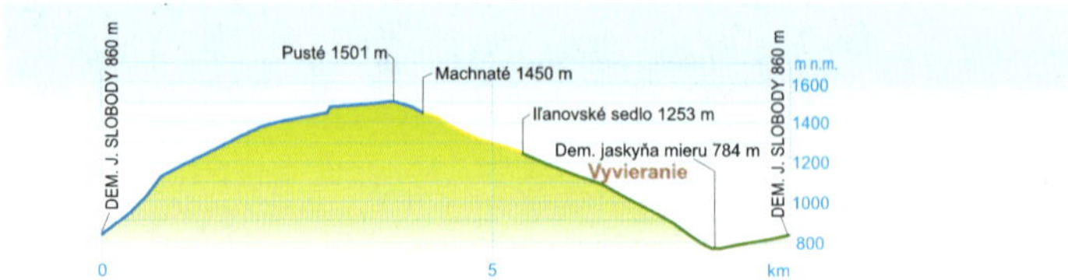

Lage: Niedere Tatra (Norden) - westlicher Teil.

Ausgangs- und Zielpunkt: Demänovská jaskyňa slobody, Haltestelle SAD, Parkplatz.

Zeitplan: Demänovská jaskyňa slobody - Pusté 1 ¾ Stdn. - Machnaté ¼ Std. - Iľanovské sedlo ½ Std. - Vyvieranie 1 Std. - Demänovská jaskyňa slobody ¼ Std.

Insgesamt: 3 ¾ Stdn.

Höhenunterschied: 717 m.

Karte: Nízke Tatry - Chopok 1 : 50 000 (Blattnr. 122), VKÚ, š. p., Harmanec.

Schwierigkeitsgrad: Mittelschwere und anspruchsvolle Halbtagstour mit verhältnismäßig großem Höhenunterschied, der schnell den steilen Aufstieg zu Beginn der Tour überwindet.

Basistour: Der Beginn der Tour führt vom Parkplatz mit der Autobushaltestelle einen breiten Weg hinauf, auf dem die Mehrzahl der Besucher der Höhle **Demänovská jaskyňa slobody** (860 m) hinaufsteigt. Von der Stelle des üblichen Höhlenausganges steigen wir den Hang Točište auf blau markiertem ausgebautem Weg (2709) hinauf. Die Steilheit des Hanges überwindet der Weg in Serpentinen. Eine erste Milderung der Aufstiegsstrecke bildet ein Plateau mit einer Bergwiese. Hinter ihr folgt ein weiteres steiles Stück auf den gemäßigteren Rücken mit einer höher gelegenen Bergwiese. Die abschließende Felsstufe überwindet der Weg mit Hilfe von Serpentinen, mit denen wir bis zu der felsigen Berglehne hinaufgehen. Wir gehen in schrägen Traversen über den steilen grasbewachsenen Hang bis zum Gipfel des Kammes **Pusté** (1 501 m) hinauf. Der pla-

Pusté

teauähnliche Gipfel wird oft auch unter der Bezeichnung Prašivé erwähnt. Ähnliche Felsgebilde, aber höher gelegen, befinden sich auch auf Ohnište über dem Tal Jánska dolina (Tour Nr. 27). Durch einen kurzen Abstieg erreichen wir leicht den Sattel **Machnaté** (1 450 m) auf dem Gebirgsnebenkamm zwischen Demänovská hora und Krakova hoľa. Auf dem Kamm des Gebirgsnebenzuges laufen wir auf der gelben Marke (8620) in nördlicher Richtung. Der in schrägen Traversen im Nordhang von Pusté verlaufende Weg bringt uns zum Sattel **Iľanovské sedlo** (1 253 m). Von ihm biegen wir links auf einen grün markierten Weg (5426) ab. Den Abstieg durch das Tal **Vyvieranie** beschreiben wir ausführlicher in der Tour Nr. 31. An der Höhle **Demänovská jaskyňa mieru** (784 m) biegen wir jedoch nicht nach rechts ab, sondern gehen in die entgegengesetzte Richtung. Wir laufen auf einer breiten bequemen Straße, die das Tal Demänovská dolina hinaufführt, zuerst auf dem rechten und hinter der Brücke auf dem linken Ufer des überwiegend trockenen Bettes von Demänovka. Das Flußbett ist in diesem Abschnitt gewöhnlich trocken, denn dieser Abschnitt befindet sich unter der Hauptquelle, an der wir bei der Mündung des Tales Vyvieranie vorbeikamen. Das Ziel des Ausfluges ist der Parkplatz unterhalb der Höhle **Demänovská jaskyňa slobody**.

34 Krakova hoľa

Lúčky - Krakova hoľa - Pusté - Demänovská jaskyňa slobody

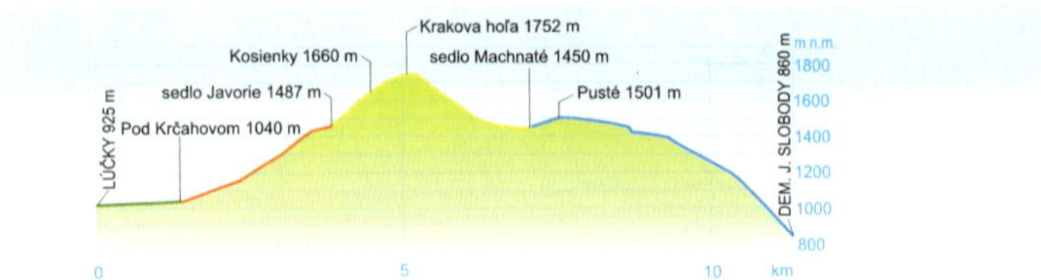

Lage: Niedere Tatra (Norden) - westlicher Teil.
Ausgangspunkt: Lúčky, Haltestelle SAD, Parkplatz.
Zielpunkt: Demänovská jaskyňa slobody, Haltestelle SAD, Parkplatz.
Zeitplan: Lúčky - Pod Krčahovom ½ Std. - Javorie 1 Std. - Kosienky ¾ Std. - Krakova hoľa ½ Std. - Machnaté 1 Std. - Pusté ¼ Std. - Demänovská jaskyňa slobody ¾ Std.
Insgesamt: 4 ¾ Stdn.
Höhenunterschied: 892 m.
Karte: Nízke Tatry - Chopok 1 : 50 000 (Blattnr. 122), VKÚ, š. p., Harmanec.

Schwierigkeitsgrad: Mittelschwere und anspruchsvolle Halbtagstour mit verhältnismäßig großem Höhenunterschied. Im Massiv Krakova hoľa erschweren häufig schlechte Sichtverhältnisse die Orientierung. Es ist nicht empfehlenswert die markierten Wanderwege zu verlassen, denn das felsige Relief bietet viele Gefahrenquellen.
Basistour: Von der Hütte auf **Lúčky** (925 m) gehen wir auf einer leicht ansteigenden Feldstraße, die auf der rechten Seite einer ausgedehnten Wiese mit Gebüsch und Bäumen verläuft. Wir folgen der grünen Marke (5425). Eine Straße mit steiniger Oberfläche tritt in den Wald ein, wo sich auf der linken Seite einige Karstgruben befinden. An der Gabelung **Pod Krčahovom** (1 040 m) biegen wir links auf die rote Marke (0861) ab. Ungefähr nach 100 Metern führt links ein Weg zu den Partisanenbunkern im Tal Krčahovo. Für Hin- und Rückweg benötigen wir ungefähr eine Stunde. Die Strecke verläuft auf der roten Marke durch einen bewaldeten Hang mit einem stellenweise wenig sichtbaren Weg zum Gartenhäu-

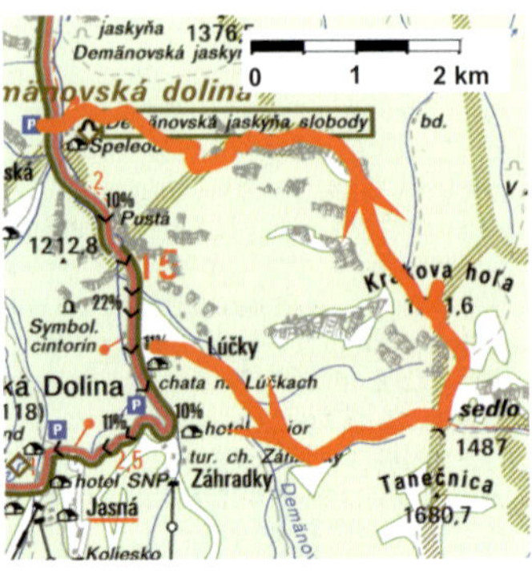

Krakova hoľa von Pusté

schen auf der Bergwiese **Podroh** (1 175 m) weiter. Wir gehen weiter die Wiese hinauf zum Tal Podroh. Am Ende des Tales sind Serpentinen, mit denen wir auf den ausgeprägten Sattel **Javorie** gelangen (1 487 m) im Gebirgsnebenkamm zwischen Tanečnica und Krakova hoľa. Im Sattel biegen wir links auf den gelb markierten Weg (8620) ein. Der steile Weg steigt auf den südlichen Kamm von Krakova hoľa über die linke Seite einer Wiese bis zur Krummholzkiefernregion hinauf. Wir gelangen auf die hoch gelegene grasbewachsene Karsthochebene Kosienky am südlichen Hang von Krakova hoľa. Auf ihr gesellt sich zur Aufstiegsstrecke von rechts der blau markierte Weg (2709) hinzu, den die Touristen beim Aufstieg von Poludnica und vom Tal Iľanovská dolina benutzen. Auf den eigentlichen Gipfel **Krakova hoľa** (1 752 m) führt ein von der gelb und blau markierten Hauptstrecke abzweigender Weg. Von der Felsenspitze des majestätischen Gipfels bietet sich ein herrlicher Rundblick. Nach der Rückkehr zur Gabelung gehen wir rechts auf dem Weg weiter, der den nordwestlichen Kamm hinabführt. Im Sattel **Machnaté** (1 450 m) schließen wir uns der Strecke der Tour Nr. 33 an, aber in umgekehrter Richtung. Der blauen Marke folgend steigen wir über **Pusté** (1 501 m) nach dem Tal Demänovská dolina hinab. Die Tour endet am Parkplatz (815 m) unter dem Eingang zur Höhle **Demänovská jaskyňa slobody** (860 m). Am Ende unserer Tour, wenn uns noch Zeit bleibt, können wir eine der schönsten slowakischen Höhlen besuchen.

35 Siná und Bôr

Demänovská jaskyňa slobody - Siná - Bôr - Poľana - Jasná

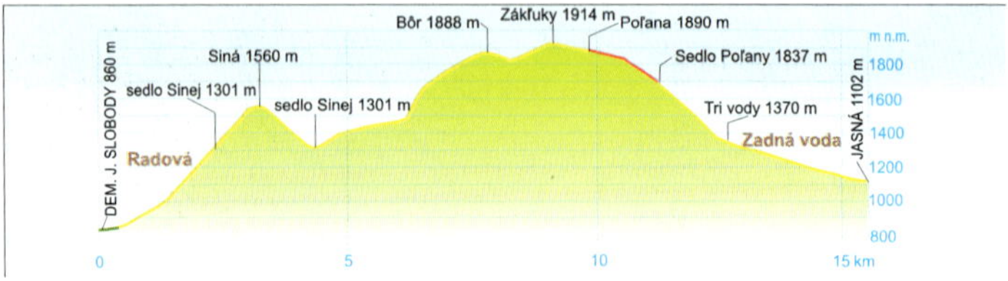

Lage: Niedere Tatra (Norden) - westlicher Teil.

Ausgangspunkt: Demänovská jaskyňa slobody, Haltestelle SAD, Parkplatz.

Zielpunkt: Jasná, Haltestelle SAD, Parkplatz.

Zeitplan: Demänovská jaskyňa slobody - Pod Repiskami ¼ Std. - Sattel Siná 1 ½ Stdn. - Siná ¾ Std. - Sattel Siná ½ Std. - Bôr 1 Std. - Poľana ¾ Std. - Sedlo Poľana ¼ Std. - Tri vody 1 ¼ Stdn. - Jasná ¾ Std.

Insgesamt: 7 Stdn.

Höhenunterschied: 1 030 m.

Karte: Nízke Tatry - Chopok 1 : 50 000 (Blattnr. 122), VKÚ, š. p., Harmanec.

Schwierigkeitsgrad: Schwere und anspruchsvolle ganztägige Hochgebirgstour mit großem Höhenunterschied und verhältnismäßig großer Länge. Wir empfehlen eine Fortsetzung von Siná auf dem Kamm in Richtung Nordosten auf keinen Fall, das Terrain hat stellenweise Bergsteigercharakter.

Basistour: Vom Parkplatz unter der Höhle **Demänovská jaskyňa slobody** (860 m) gehen wir auf der grünen Marke das Tal Demänovská dolina zur Gabelung **Pod Repiskami** (831 m) hinauf. An der Stelle der Verzweigung des Haupttales biegen wir rechts auf den gelb markierten Weg (8619) ab. Der Weg führt das Tal Radová hinauf. Der Grund des bizarren Tales mit einer Vielzahl von Felsgebilden hat kurze Abschnitte eines stufenförmigen Flußbettes mit ausgewaschenen „Wirbeltöpfen". Am Ende des Tales wird die Aufstiegsstrecke steiler. Der Weg steigt in einem schroffen Hang bis zum bewaldeten Hochplateaurücken hinauf und von ihm führt er weiter durch Wald zum Sattel **Siná** (1 301 m) im seitlichen Gebirgsnebenkamm Bôr. Vom Sattel führt rechts ein steiler Weg mit gelber Markierung, der auf dem spitzen Felsgipfel **Siná** (1 560 m) mit großartigem Ausblick endet. Ein Weitergehen auf dem Kammweg weiter nach Norden empfehlen wir nicht, das Terrain nimmt Bergsteigercharakter an. Wir kehren lieber zum Sattel **Siná** (1 301 m) zurück und beginnen am gegenüberliegenden Hang hinaufzusteigen. Durch langgezogene Steigung auf dem Waldweg gelangen wir bis über die obere Baumgrenze in die Krummholzkiefernregion. In der kahlen Region über dem Krummholz schwächt sich das Profil der Tour ab. Der hohe Kamm des Gebirgsnebenkammes bietet schöne Ausblicke. Durch eine verhältnismäßig geringe Steigung gelangen wir auf den Gipfel **Bôr** (1 888 m). Von hier aus müssen wir drei Einschnitte und zwei wenig ausgeprägte Erhöhungen überwinden, damit wir auf den Gipfel **Poľana** (1 890 m) gelangen, der schon Teil des Hauptkammes der Niederen Tatra ist. Auf Poľana biegen wir links zur rot markierten Cesta hrdinov SNP (E8, 0801) ab. Den Kammweg verlassen wir schon an der nächsten Gabelung im Sattel **Sedlo Poľana** (1 837 m). Im Sattel biegen wir nach links ab und werden auf der gelben Marke (8619) in das Tal Zadná voda hinabsteigen. Am Ende des Tales erwartet uns ein steiler Abstieg auf schlecht erhaltenem Weg mit Serpentinen in seinem oberen Abschnitt. Der Weg führt durch die Krummholzkiefernregion und bei **Tri vody** (1 370 m) tritt er in den Wald ein. Durch gemäßigteres Absteigen neben dem Bach Zadná voda erreichen wir das Hotel unterhalb von Otupné. Das abschließende Stück verläuft auf einer Asphaltstraße. Links von der Straße befinden sich die Hütte **Mikulášska chata** und **Vrbické pleso** (1 120 m). Die Tour endet am Parkplatz und an der Autobushaltestelle unterhalb des Hotels Grand in **Jasná** (1 102 m).

Siná

36 Durch die Täler Demänovská und Jánska

Lúčky – Javorie – Jánska dolina und zurück

Lage: Niedere Tatra (Norden) - westlicher Teil.
Ausgangs- und Zielpunkt: Lúčky, Haltestelle SAD, Parkplatz.
Zeitplan: Lúčky - Pod Krčahovom ½ Std. - Javorie 1 Std. - Pred Bystrou 1 ¼ Stdn. - Púchalky ½ Std. - Pred Bystrou ½ Std. - Javorie 1 ½ Stdn. - Pod Krčahovom ¾ Std. - Lúčky ½ Std.
Insgesamt: 6 ½ Stdn.
Höhenunterschied: 598 m.
Karte: Nízke Tatry - Chopok, Nízke Tatry - Kráľova hoľa 1 : 50 000 (Blattnr. 122, 123), VKÚ, š. p., Harmanec.

Schwierigkeitsgrad: Leichte und anspruchslose Tour auf Straßen und Wegen unterschiedlicher Qualität einschließlich Asphaltstraßen, die nicht in die Hochgebirgsregion hinaufsteigen.
Basistour: Der einführende Abschnitt von der Hütte auf **Lúčky** (925 m) bis zum Sattel **Javorie** (1 487 m) ist identisch mit der Tour Nr. 34. Im Sattel kann man wegen der besseren Aussicht ein Stück in den Hang von Krakova hoľa gehen, wo sich ein schöner Blick auf den Hauptkamm des Gebirges bietet. Nach dem kurzen Abstecher gehen wir auf der roten Marke (0861) in Richtung Osten weiter zum Tal Jánska dolina. Zuerst gehen wir auf einem Waldweg und danach tiefer steigen wir auf einer Fahrstraße in das Seitental Bystrá dolina. Die rote Marke endet an der Gabelung am Forsthaus **Pred Bystrou** (889 m). Vom Forsthaus laufen wir mit der gelben Marke (8625) auf einer Asphaltstraße in südöstlicher Richtung. Für den schönen Blick auf den Gipfel Ohnište (1 538 m) müssen wir nicht bis zum Sattel Svidovské sedlo hinaufsteigen. Die ausgedehnte Bergwiese **Púchalky** (940 m) ist der allerbeste Ort, von wo aus man die großartige Felsgalerie am Südhang dieses herrlichen Karstgipfels bewundern kann. Von Púchalky gehen wir zurück zum Forsthaus **Pred Bystrou** und auf der gleichen Strecke über den Sattel **Javorie** kehren wir nach **Lúčky** im Tal Demänovská dolina zurück.

Ďumbier von Norden

37 Lehrpfad Demänovská dolina

Jasná – Tri vody – Luková – Široká dolina – Lúčky

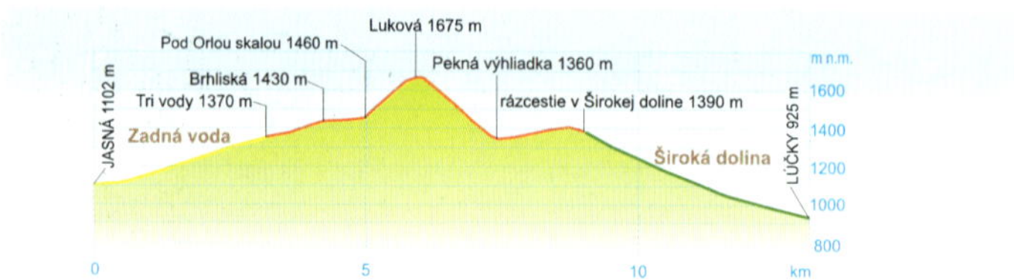

Lage: Niedere Tatra (Norden) - westlicher Teil.

Ausgangspunkt: Jasná, Haltestelle SAD, Parkplatz.

Zielpunkt: Lúčky, Haltestelle SAD, Parkplatz.

Zeitplan: Jasná - Vrbické pleso ¼ Std. - Tri vody ¾ Std. - Brhliská ¼ Std. - Pod Orlou skalou ¼ Std. - Luková ¼ Std. - Pekná vyhliadka ¾ Std. - Široká dolina-Gabelung ½ Std. - Pod Krčahovom ¾ Std. - Lúčky ½ Std.

Insgesamt: 4 ¼ Stdn.

Höhenunterschied: 750 m.

Karte: Nízke Tatry - Chopok 1 : 50 000 (Blattnr. 122), VKÚ, š. p., Harmanec.

Schwierigkeitsgrad: Mittelschwere und anspruchsvolle Halbtagstour mit verhältnismäßig großem Höhenunterschied. Auf einem kurzen Abschnitt in der Umgebung von Luková steigt sie über die obere Baumgrenze.

Basistour: In der gesamten Länge der Tour werden wir dem **Lehrpfad Demänovská dolina** mit 12 Informationstafeln folgen. Der Beginn ist am Parkplatz unterhalb des Hotels Grand, östlich vom See **Vrbické pleso** (1 102 m). Den natürlichen Gebirgssee umgehen wir am Ufer an der nordwestlichen Seite bis zur Hütte Mikulášska chata. Unter Otupné werden wir neben den Zeichen des Lehrpfades auch der gelben Marke (8619) folgen. Neben dem Bach Zadná voda steigen wir durch das Tal Zadná voda zur Gabelung an **Tri vody** (1 370 m) hinauf. Hier biegen wir links auf die rote Marke (0855) ab. Wir laufen auf einem Weg, der in Traversen den Nordhang des Hauptkammes der Niederen Tatra am Ende des Tales Demänovská dolina überwindet. Bis hinter **Brhliská** (1 430 m) an der

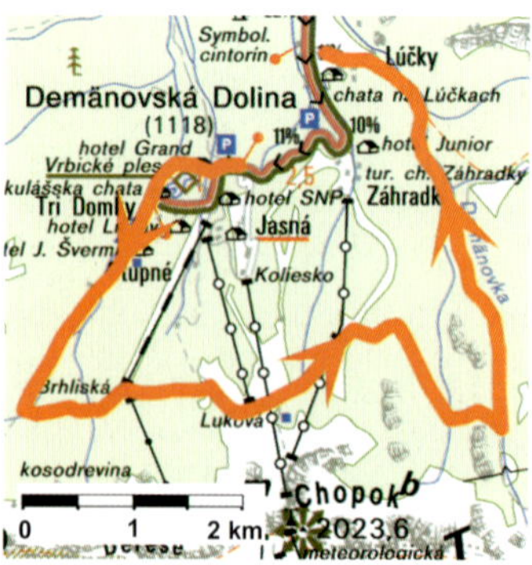

Vrbické pleso

oberen Station der Kabinenseilbahn steigt der Weg leicht den bewaldeten Nordhang Dereše hinauf. Nach Überqueren der Skipiste behält der Weg seinen Charakter und erst von der Gabelung **Pod Orlou skalou** (1 460 m) ab beginnt er steiler zu steigen. Serpentinen des Weges führen in die Krummholzkiefernregion am Hang des Chopok. Hinter der letzten Biegung beginnt eine schräge Traverse, die an der Zwischenstation des gegenwärtig nicht funktionierenden Sesselliftes von Otupné auf Luková (1 675 m) und des funktionierenden Sesselliftes von Jasná nach Luková endet. Von hier aus verläuft die Strecke der Tour größtenteils schon nur noch bergab. Der erste Abschnitt des Abstieges führt schräg den Hang hinunter zur Zwischenstation des Sesselliftes (1 500 m) von Záhradky nach Konský grúň. Weiter steigen wir bergab am Rande des Krummholzes bis nach **Pekná vyhliadka** (1 360 m). Danach ändert sich das Profil der Tour. Der Weg biegt in einem Bogen nach rechts und verläuft in Traversen am Hang bis zur Gabelung im Tal **Široká dolina** (1 390 m). Hier schließen wir uns dem grün markierten Weg (5426) an, mit dem wir neben dem Bach Demänovka durch das Tal Široká dolina bis zur Gabelung **Pod Krčahovom** (1 040 m) hinabsteigen. Das Kennenlernen der Naturschönheiten des Tales Demänovská dolina beenden wir bei der Hütte auf **Lúčky** (925 m).

38 Auf Chopok von Jasná aus

Jasná – Dereše – Chopok – Krúpova hoľa – Lúčky

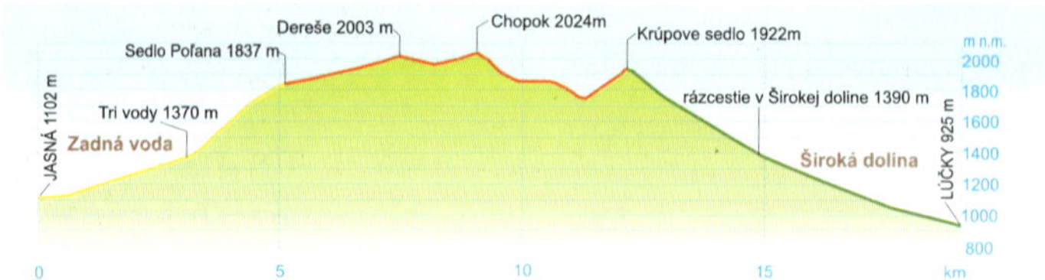

Lage: Niedere Tatra (Norden) - westlicher Teil.
Ausgangs- und Zielpunkt: Jasná, Haltestelle SAD, Parkplatz.
Zeitplan: Jasná - Otupné ¼ Std. - Tri vody ¾ Std. - Sedlo Poľana 1 ½ Stdn. - Dereše 1 ¼ Stdn. - Chopok ¾ Std. - Demänovské sedlo 1 Std. - Krúpova hoľa ¾ Std. - Široká dolina-Gabelung ¾ Std. - Pod Krčahovom ¾ Std. - Lúčky ½ Std.
Insgesamt: 8 ¼ Stdn.
Höhenunterschied: 1 099 m.
Karte: Nízke Tatry - Chopok 1 : 50 000 (Blattnr. 122), VKÚ, š. p., Harmanec.

Schwierigkeitsgrad: Schwere und anspruchsvolle Hochgebirgstour mit großem Höhenunterschied. Möglichkeiten für Notunterkunft und Erfrischung bietet nur die Hütte Kamenná chata unter Chopok. Ein Verlassen des Kammweges empfiehlt sich nicht, gefährlich sind besonders die steil in die Kessel am Ende des Tales Demänovská dolina abfallenden Nordhänge.
Basistour: Der erste Abschnitt der Tour ist identisch mit dem Schlußabschnitt der Tour Nr. 35 in umgekehrter Richtung. Vom Parkplatz unter dem Hotel Grand in **Jasná** (1 102 m) steigen wir das Tal Zadná voda bis zum Sattel **Sedlo Poľana** (1 837 m) hinauf. Im Sattel kommen wir auf den Haupt-

Kamenná chata - Chopok

kamm der Niederen Tatra. Wir folgen ihm auf dem rot markierten Weg (E8, 0801) in östlicher Richtung. Durch leichte Steigung kommen wir auf **Dereše** (2 003 m) und gehen durch eine flache Einsenkung zum **Chopok** (2 024 m). Der Weg weicht Dereše leicht aus, ein Abstecher auf den Gipfel lohnt sich wegen der schönen Aussicht. Auf Chopok können wir die Erfrischungsmöglichkeit in der Hütte Kamenná chata sowie den Aufstieg auf den höchsten östlichen Gipfel des Chopok ausnutzen, der sich über der Hütte erhebt. Die Sessellifte auf beiden Seiten des Chopok sind langfristig außer Betrieb, deshalb gehen wir lieber auf unserem Kammweg weiter. Wir laufen auf dem Kamm, auf seinem am meisten frequentierten Abschnitt. Zum Sattel **Demänovské sedlo** (1 756 m) geht es leicht bergab. Aus der deutlichen Senke zwischen den beiden bekanntesten Gipfeln der Niederen Tatra Chopok und Ďumbier gelangen wir durch kurzen Aufstieg auf die wichtige Kreuzung der Wanderwege auf Krúpove sedlo (1 922 m). Einer der Wege, der zu diesem Knotenpunkt führt, ist der kurze Abstecher zum nahen Gipfel Ďumbier (2 943 m). Von **Krúpova hoľa** (1 927 m) steigen wir auf der grünen Marke (5426) in nordwestlicher Richtung hinab. Der Weg überwindet den steilen Abschluß des Tales Široká dolina mit einer Reihe von Serpentinen und führt weiterhin verhältnismäßig steil bergab bis zur Gabelung im Tal **Široká dolina** (1 390 m). Hier schließt er sich der Strecke der Tour Nr. 37 an. Wir gehen das Tal hinunter bis zur Hütte auf **Lúčky** (925 m).

39 Dereše von Jasná aus

Jasná – Poľana – Krížske sedlo – Príslop – Dereše – Jasná

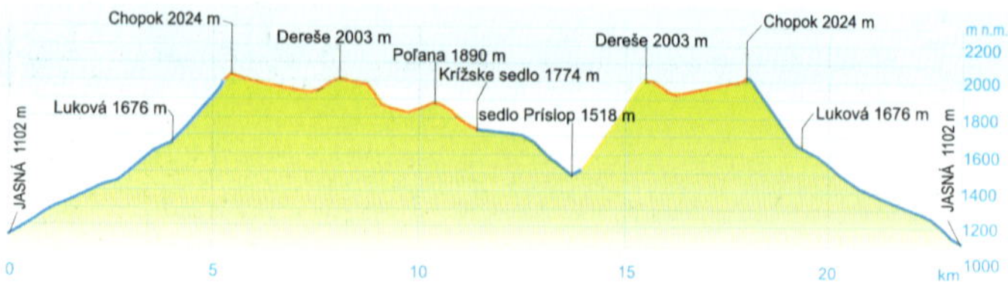

Lage: Niedere Tatra (Norden) - westlicher Teil.

Ausgangs- und Zielpunkt: Jasná, Haltestelle SAD, Parkplatz.

Zeitplan: Jasná - Pod Orlou skalou 1 Std. - Luková ¾ Std. - Chopok 1 Std. - Dereše ¾ Std. - Sedlo Poľana ¾ Std. - Poľana ¼ Std. - Krížske sedlo ½ Std. - Príslop 1 ¼ Stdn. - Dereše 1 ½ Stdn. - Chopok ¾ Std. - Luková ¾ Std. - Pod Orlou skalou 1 ½ Stdn. - Jasná ¾ Std.

Insgesamt: 10 ½ Stdn.

Höhenunterschied: 922 m.

Karte: Nízke Tatry - Chopok 1 : 50 000 (Blattnr. 122), VKÚ, š. p., Harmanec.

Schwierigkeitsgrad: Schwere und anspruchsvolle Hochgebirgstour mit großem Höhenunterschied. Bei schlechten Wetterverhältnissen sind die Abschnitte auf dem Hauptkamm zwischen Dereše und Krížské sedlo am schwersten. Im Notfalle ist es besser vom Sattel sedlo Príslop auf der blauen Marke nach Kosodrevina gegebenenfalls von Dereše zur Hütte Kamenná chata unter Chopok weiterzugehen.

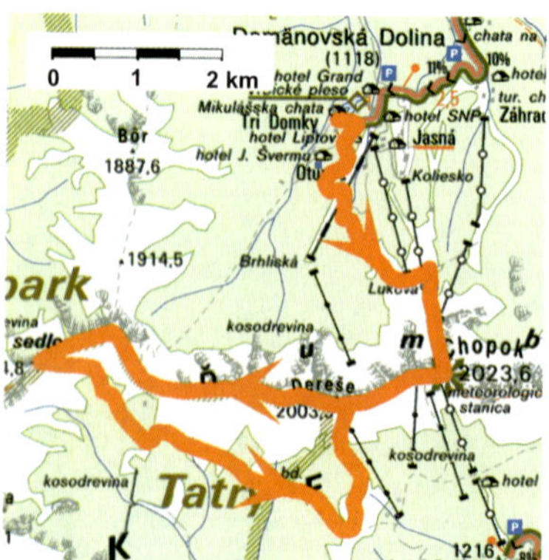

Basistour: Zum Chopok gehen wir vom Hotel Liptov in **Jasná** (1 102 m) auf dem mit blauer Marke gekennzeichneten Waldweg (2079). Er verläuft unter der Kabinenseilbahn von Otupné nach Brhliská und steigt durch den Wald im Gefälle zur Gabelung **Pod Orlou skalou** (1 460 m) hinauf. Hier schließen wir uns für ein kurzes Stück einem Abschnitt der Strecke der Tour Nr. 37 an, mit der wir zur Hochgebirgslandschaft oberhalb der oberen Baumgrenze hinaufsteigen. Von der Gabelung steigen wir in Ser-

Von Chopok nach Luková

pentinen im Krummholz zur Station des Sesselliftes auf **Luková** (1 676 m) hinauf. Von Luková verläuft die Aufstiegsstrecke in Serpentinen unter der alten, heute schon nicht mehr funktionierenden, Seilbahn bis zu ihrer Endstation auf dem **Chopok** (2 024 m). Neben der Erfrischung in der Hütte Kamenná chata empfehlen wir auf den östlichen Felsgipfel des Chopok hinaufzusteigen, der einen herrlichen Rundblick bietet. Vom Chopok gehen wir auf dem Kamm, der roten Marke folgend (E8, 0801), in westlicher Richtung. Bis zum Sattel **Krížske sedlo** (1 775 m) gehen wir auf der Strecke, die in der Tour Nr. 12 beschrieben wurde. Nacheinander steigen wir auf **Dereše** (2 003 m) hinauf, zum Sattel **Sedlo Poľana** (1 937 m) steigen wir hinab und bezwingen dann den Gipfel **Poľana** (1 890 m). Vom Sattel Krížske sedlo nimmt die Strecke einen anderen Charakter an. Der blauen Marke folgend (2626) gehen wir in südöstlicher Richtung in einer langen Traverse am südlichen Hang des Hauptkammes entlang. Der in der Tour Nr. 12 beschriebene Abschnitt führt zum Sattel **Sedlo Príslop** (1 518 m) im südlichen Gebirgsnebenkamm Baba der Niederen Tatra. Im Sattel biegen wir links auf einen Weg mit gelber Markierung (8429) nach oben ab. Der Weg steigt den steilen Hang zum Hauptkamm des Gebirges hinauf. An der Gabelung biegen wir rechts ab und setzen unseren Weg auf der roten Marke (E8, 0801) zum **Chopok** fort, wo wir auf die blaue Marke (2709) nach **Luková** abbiegen und nach **Jasná** zurückkehren.

40 Predná Magura

Partizánska Ľupča – Predná Magura und zurück

Lage: Niedere Tatra (Norden) - westlicher Teil.
Ausgangs- und Zielpunkt: Partizánska Ľupča, Haltestelle SAD, Parkplatz.
Zeitplan: Partizánska Ľupča - Forsthaus ½ Std. - Rumanec ¾ Std. - Predná Magura ¾ Std. - Rumanec ¾ Std. - Forsthaus ½ Std. - Partizánska Ľupča ½ Std.
Insgesamt: 3 ¾ Stdn.
Höhenunterschied: 603 m.
Karte: Nízke Tatry - Chopok 1 : 50 000 (Blattnr. 122), VKÚ, š. p., Harmanec.

Schwierigkeitsgrad: Leichte und nahezu anspruchslose Halbtagstour mit geringem Höhenunterschied. Die Orientierung auf der Strecke ist einfach, denn der größte Teil der Strecke führt über Wiesen an der Achse des breiten Kammes mit guter Aussicht entlang.
Basistour: Von der oberen Autobushaltestelle im Zentrum der Gemeinde **Partizánska Ľupča** (568 m) gehen wir auf der Asphaltstraße in Richtung Süden. Während der ganzen Tour richten wir uns nach der gelben Marke (8629). Beim Forsthaus, das etwa einen Kilometer vom oberen Ende des Dorfes entfernt ist, biegen wir links auf eine befestigte Straße, die wir schon wieder nach einigen Metern verlassen. Wir biegen von ihr nach rechts auf eine Feldstraße ab, die am nördlichen Hang des Gipfels **Rumanec** (866 m) hinaufsteigt. Von hier gehen wir auf dem leicht ansteigenden Wiesenrücken mit der Bezeichnung Mestská hora weiter. Die Strecke der Tour kopiert im Süden die Form des Rückens und gemeinsam mit ihm biegt sie in die östliche Richtung ein. Die gelbe Marke endet in der Nähe des Gipfels **Predná Magura** (1 171 m). Der kahle Gipfel des nicht hohen nördlichen Gebirgsnebenkammes bietet einen nicht alltäglichen Blick auf die untere Liptau, Chočské vrchy und den nahen Salatín. Für neue Aussichtsblickwinkel können wir auf den Wiesen auf dem gerundeten Rücken des Gebirgsnebenkammes weitergehen (außerhalb des Bereiches der gelben Marke). Der höchste Gipfel des Gebirgsnebenkammes Ľupčianska Magura (1 315 m) ist im Wald ver-

borgen. Deshalb genügt es, wenn wir vom Waldrand zurückkehren und auf der gleichen Strecke nach **Partizánska Ľupča** wieder hinabsteigen.

Ľupčianska Magura

41 Die Travertine in Sliač

Vyšný Sliač - Sliačske travertíny - Stredný Sliač

Lage: Süd-Westen der Liptovská kotlina.
Ausgangspunkt: Vyšný Sliač, Haltestelle SAD, Parkplatz.
Zielpunkt: Stredný Sliač, Haltestelle SAD, Parkplatz.
Zeitplan: Vyšný Sliač - Sliačske travertíny ½ Std. - Čertovica ¼ Std. - Pod Bežanom ¾ Std. - Stredný Sliač 1 Std.
Insgesamt: 2 ½ Stdn.
Höhenunterschied: 130 m.
Karte: Nízke Tatry - Chopok 1 : 50 000 (Blattnr. 122), VKÚ, š. p., Harmanec.

Schwierigkeitsgrad: Leichter und anspruchsloser Spaziergang mit geringem Höhenunterschied. Er verläuft auf unmarkierten Straßen. Wie empfehlen ihn bei gutem Wetter zu absolvieren, damit sich die umgebende phantastische Gebirgskulisse der unteren Liptau nicht in Wolken versteckt.
Basistour: Am unteren Ende von **Vyšný Sliač** (550 m) biegen wir in die erste Straße links ein, die nach Osten führt. An die Straße schließt sich eine Feldstraße an, die neben dem Naturreservat **Sliačske travertíny** verläuft. Nach Besichtigung der bemerkenswerten Travertingebilde auf einer nassen Wiese mit Erlenhain rechts kehren wir zur Feldstraße zurück, die zum Sattel **Čertovica** (625 m) führt. Die Straße verläuft weiter bis zur Gemeinde Partizánska Ľupča. Die Ausflugstour biegt jedoch im Sattel links auf die in nördlicher Richtung verlaufende Straße ab, die zu dem leichten Hang des verhältnismäßig niedrigen Hügels **Hvozdec** (639 m) führt. Die Straße geht über

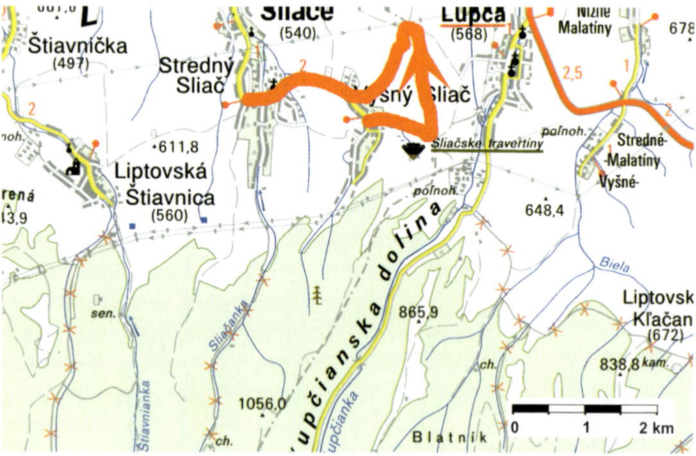

den flachen Rücken des Hügellandes in nördlicher Richtung. Die offene Landschaft, nahezu ohne Wald, bietet großartige Ausblicke, die den Rahmen des Beckens Liptovská kotlina überschreiten. Im Gebirgspanorama hebt sich besonders der kegelförmige, den nördlichen Horizont dominierende Veľký Choč hervor. Nach mehr als einem Kilometer kommen wir zu einer Querstraße, auf die wir links abbiegen. Die Strecke, die südlich vom höchsten Punkt dieses Teiles des kesselartigen Hügellandes mit der Bezeichnung **Bežan** (670 m) verläuft, führt zu einer Asphaltstraße. Links abbiegend kehren wir auf ihr zum Zentrum der Gemeinde Sliač zurück, zur Autobushaltestelle im Ortsteil **Stredný Sliač** (540 m).

Sliač-Travertin

42 Ďurková von Magurka aus

Magurka - Ďurková - Zámostská hoľa - Magurka

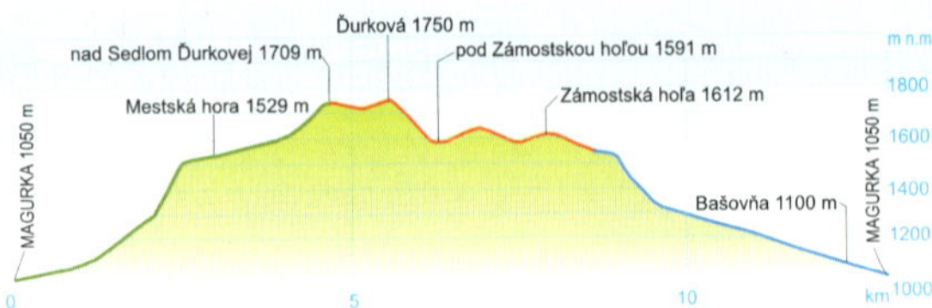

Lage: Niedere Tatra (Norden) - westlicher Teil.

Ausgangs- und Zielpunkt: Magurka, Parkplatz.

Zeitplan: Magurka - Mestská hora 1 Std. - Sedlo Ďurková-Gabelung 1 Std. - Ďurková ¼ Std. - Sedlo pod Zámostskou hoľou ½ Std. - Zámostská hoľa ¼ Std. - Pri Bašovni 1 ¾ Stdn. - Magurka ¼ Std.

Insgesamt: 5 Stdn.

Höhenunterschied: 700 m.

Karte: Nízke Tatry - Chopok 1 : 50 000 (Blattnr. 122), VKÚ, š. p., Harmanec.

Schwierigkeitsgrad: Mittelschwere und anspruchsvolle Hochgebirgstour mit kurzem und steilem Aufstieg auf sowie Abstieg vom Kamm.

Basistour: Von der Bergsiedlung **Magurka** (1 050 m) gehen wir auf der Fahrstraße, der grünen Marke (5609) folgend, das Tal Ďurková hinauf. Nicht ganz einen Kilometer hinter den letzten Häusern der Ansiedlung biegen wir von der Straße auf einen in Serpentinen den steilen Hang des Bergrückens Javorina hinaufsteigenden Weg ab. Die neue Strecke des Weges weicht dem Ende des Tales Ďurková aus, in dem im Winter häufig Lawinen niedergehen. Der alte Weg war erheblich von einer katastrophalen Lawine beschädigt, die hier im Jahre 1970 niederging. Auf dem neuen Weg gelangen wir auf den Wiesenrücken **Mestská hora** (1 529 m), von dem wir in einer langen mäßigen Steigung zum Hauptkamm der Niederen Tatra hinaufsteigen. Der durch Windbruch beschädigte Wald in der Umgebung der Aufstiegsstrecke eröffnet den Touristen in großer Breite schöne Aussichten in die untere Liptau sowie auch auf den Hauptkamm des Gebirges. Wir gelangen bis zur Gabelung über dem Sattel **Sedlo Ďurková** (1 709 m). Hier biegen wir links ab und über den Sattel Sedlo

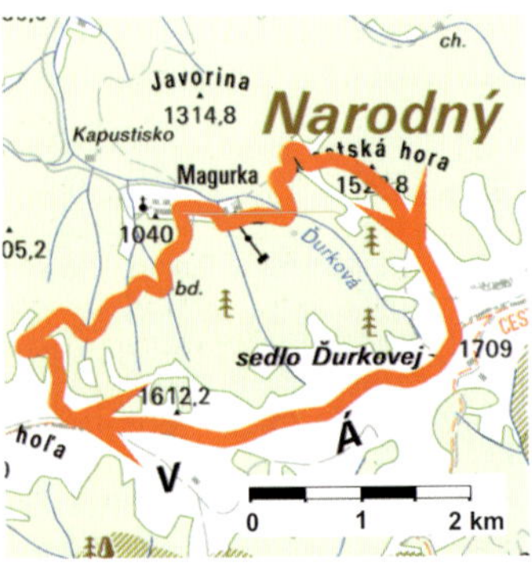

Magurka

Ďurková (1 709 m) steigen wir leicht auf den nahen **Ďurková** (1 750 m) hinauf. Den Weg weist uns die rote Marke (E8, 0801). Von Ďurková gehen wir in einer kurzen Serpentine auf den niedrigeren Abschnitt des Hauptkammes und setzen unseren Weg leicht bergab bis zum flachen Sattel **Sedlo pod Zámostskou hoľou** (1 591 m) fort, wo sich der Kammweg mit dem gelb markierten Weg kreuzt, der Magurka im Norden mit dem Tal Jasenianska dolina im Süden verbindet. Wir gehen jedoch in westlicher Richtung weiter und nach Überschreiten von **Zámostská hoľa** (1 612 m) gelangen wir über einen leicht gewellten Abschnitt des Kammes bis zur Gabelung **Pod Zámostskou hoľou** (1 560 m). Hier biegen wir rechts auf den blau markierten Weg (2706) ab. Der erste Abschnitt geht steil eine grasbewachsene Berglehne mit Inseln von Krummholzkiefern bis zur oberen Waldgrenze hinunter. Im Waldbestand verläuft der Weg in schräger Traverse den Hang entlang, der wiederum von einer Serie steiler Hangtäler, die in das Tal Ďurková hinunterziehen, zergliedert ist. Zum Schluß kommen wir nach nahezu zweistündigem Abstieg zur Gabelung **Pri Bašovni**, wo sich unsere Strecke mit dem von Zámostská hoľa kommenden gelb markierten Weg trifft. Wir gehen auf ihm weiter und beenden unseren Abstieg in der Ansiedlung **Magurka**.

43 Salatín von Ludrová aus

Ludrová - Hučiaky - Salatín - Ludrová

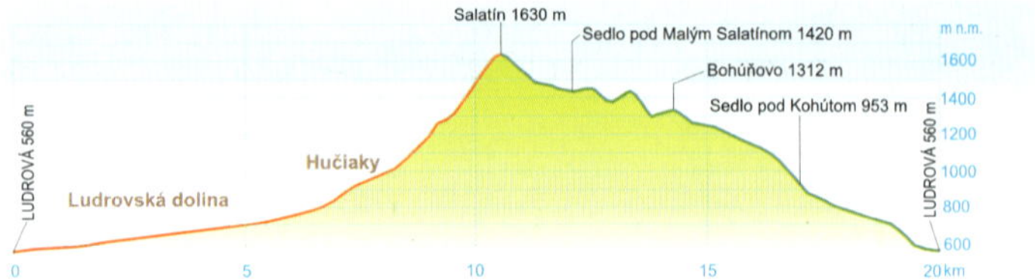

Lage: Niedere Tatra (Norden) - westlicher Teil.

Ausgangs- und Zielpunkt: Ludrová, Haltestelle SAD, Parkplatz.

Zeitplan: Ludrová - Hučiaky 1 ½ Stdn. - Magura 1 ¼ Stdn. - Salatín 1 ¼ Stdn. - Sedlo pod Malým Salatínom ½ Std. - Bohúňovo ½ Std. - Sedlo pod Kohútom ½ Std. - Ludrová ¾ Std.

Insgesamt: 6 ¼ Stdn.

Höhenunterschied: 1 070 m.

Karte: Nízke Tatry - Chopok 1 : 50 000 (Blattnr. 122), VKÚ, š. p., Harmanec.

Hučiaky

Schwierigkeitsgrad: Mittelschwere und anspruchsvolle Tour mit kurzem Aufenthalt im Hochgebirge. Mit Ausnahme des steilen abschließenden Aufstieges auf den Salatín und des steilen Abstieges von ihm, sind die übrigen Abschnitte der Tour leicht wie ein Spaziergang. Die Orientierung in der überwiegenden Waldlandschaft ist auch bei schlechten Wetterbedingungen verhältnismäßig einfach.

Basistour: Der Ausflug beginnt in der Gemeinde **Ludrová** (560 m). Das Tal Ludrová dolina hinauf führt uns die rot markierte Strecke (0854). Ein leichtes und verhältnismäßig schnelles Vorankommen ermöglicht uns die Asphaltstraße, die wir erst an der Hütte im verzweigten Tal unter dem Kamm Magura verlassen. Von der Hütte biegen wir links in das Tal **Hučiaky** ab, das der Bergbach Mraznica in den Kalkstein mit Karstgebilden modelliert hat. Im unteren Teil hat das Tal den Charakter einer romantischen Schlucht. Hinter einem auffälligen Bogen erweitert sich das Tal und wird gleichzeitig auch steiler. Dicht unter dem Kamm verläuft der Weg über Bergwiesen mit der Bezeichnung Žliebky. Das Erreichen des nahezu waagerechten Kammes Magura bietet Gelegenheit für eine kurze Rast vor dem abschließenden, extrem steilem Aufstieg auf den Gipfel **Salatín** (1 630 m). Einige Kalksteinfelsen muß man letztendlich auf allen Vieren überwinden. Vom Gipfel Salatín werden wir auf der grünen Marke (5609) zurückkehren. Der Weg geht an der Nordseite hinab, wo sich bis zum späten Frühjahr Schnee hält. Er verläuft durch den Wald und erfordert ein sorgfältigeres Verfolgen der Markierungen. Mit dem Weg gelangen wir zu einem Wiesensattel, hinter dem der Aufstieg durch recht unübersichtliches Waldterrain zum flachen Sattel **Sedlo pod Malým Salatínom** (1 420 m) erfolgt. Auf dem Gipfel Malý Salatín (1 444 m) biegt vom Sattel rechts ein unmarkierter Weg ab. Die Strecke unseres Abstieges verläuft weiter auf dem glatten Kamm Úplazy (1 428 m) mit großartigen Ausblicken auf die Felsspitze der Pyramide des Salatín. Von Úplazy geht der Weg durch die Krummholzkiefernregion zum Fichtenwald auf der felsigen Erhöhung **Bohúňovo** (1 312 m). Hinter dieser geht der Weg über die Bergwiesen des **Kriváň** (1 233 m) leicht bergab weiter über den bewaldeten Rücken bis zum Sattel **Sedlo pod Kohútom** (953 m). Im Sattel biegen wir links ab und setzen unseren Weg auf der grünen Marke fort. Zuerst benutzen wir den steil hinabführenden Weg ins Tal Ludrovská dolina, der sich nach rechts wendet und schräg durch bewaldetes Terrain bis zum Waldrand hinabsteigt. Auf den Wiesen und Weiden unter uns ist der Weg nicht sichtbar und es fehlen hier die touristischen Zeichen. Es ist aber kein Problem den Abstiegsweg bis zur Gemeinde zu finden, denn das Ziel unserer Tour liegt direkt vor uns. Zur Gemeinde **Ludrová** (560 m) kommen wir neben der Quelle des ausgezeichneten Ludrováer Sauerbrunnens.

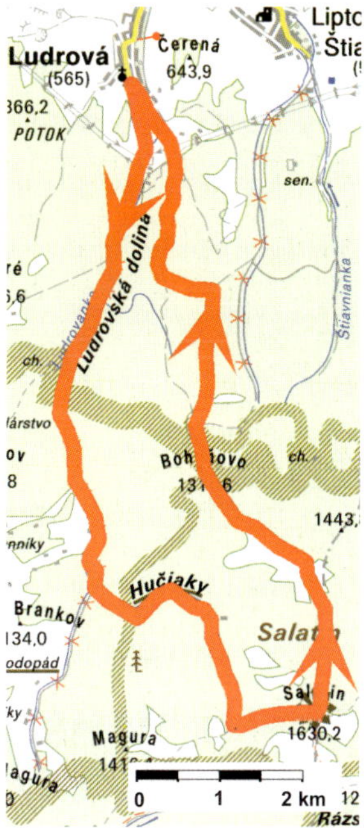

44 Salatín von Železné aus

Železné – Salatín – Liptovská Lúžna

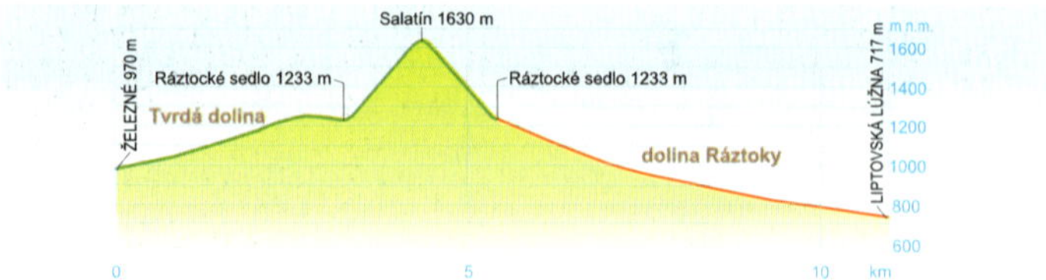

Lage: Niedere Tatra (Norden) - westlicher Teil.
Ausgangspunkt: Železné, Parkplatz.
Zielpunkt: Liptovská Lúžna, Haltestelle SAD, Parkplatz.
Zeitplan: Železné - Ráztocké sedlo 1 ¼ Stdn. - Salatín 1 Std. - Ráztocké sedlo ¾ Std. - Liptovská Lúžna 1 ¼ Stdn.
Insgesamt: 4 ¼ Stdn.
Höhenunterschied: 913 m.
Karte: Nízke Tatry - Chopok 1 : 50 000 (Blattnr. 122), VKÚ, š. p., Harmanec.

Schwierigkeitsgrad: Mittelschwere und anspruchsvolle Tour mit kurzem Aufstieg und Abstieg zum und vom Kamm. Die Tour beginnt mit einem steilen Aufstieg und endet mit einem steilen Abstieg. Der eigentliche Kamm des Gebirgsnebenzuges hat ein leicht gegliedertes Profil. Einige Waldabschnitte der Tour erfordern gesteigerte Aufmerksamkeit bei der Orientierung. Vorsicht bei einsamen Wegen, sie führen in schwer passierbares Felsterrain.
Basistour: Von der Berggemeinde **Železné** (970 m) gehen wir auf die Hauptstraße und auf ihr in Richtung Partizánska Ľupča mehr als einen halben Kilometer. Den Weg weist uns die grüne Marke (5609). In einer Straßenbiegung wenden wir uns links auf eine befestigte Waldstraße, die das Tal Tvrdá dolina hinaufführt. An einer Jagdhütte verzweigt sich das kleine Tal. Die Aufstiegsstrecke verläuft auf der rechten Seite. In einer Talbiegung steigen wir durch den Wald zu einem kleinen flachen Sattel im Kamm Veľké Železné (1 294 m) und

Salatín

über leicht absteigende Traversen kommen wir zu dem breiten grasigen Sattel **Ráztocké sedlo** (1 233 m). Im Sattel beginnt der schwerste Teil der Tour. Der Aufstieg über den steilen Hang ist sehr anstrengend. Im unteren Teil verläuft er durch den Wald, höher führt er abwechselnd über Gras und Felsrippen. Erst im abschließenden Abschnitt wird das Profil der Tour etwas gemäßigter. Über eine grasbewachsene Terrasse kommen wir zu einer Stelle, wo sich der südliche und westliche Kamm des Salatín verbinden. Von hier aus bleibt uns nur noch ein kleines Stück Weg zwischen dichtem Krummholz und nach einer Weile können wir uns auf dem Hauptgipfel des **Salatín** (1 630 m) umsehen. Der Beginn des Abstieges verläuft über die Aufstiegsstrecke bis zum Sattel **Ráztocké sedlo**. Die südliche exponierte Abstiegsstrecke ermöglicht uns den ständigen visuellen Kontakt mit dem nahen hohen Mittelkamm der Niederen Tatra zwischen Prašivá und Chopok. Der Abstieg auf der roten Marke (0854) vom grasbewachsenen Sattel Ráztocké sedlo nach Westen ist nicht so steil und anstrengend. Der Weg verläuft durch Wald und über Weiden zum Tal Ráztoky, das nach nicht drei Kilometern nach Süden biegt und zum Ziel unseres Ausfluges in der urtümlichen Gemeinde **Liptovská Lúžna** (717 m) mit erhaltener Volksarchitektur führt.

45 Der Wasserfall Brankovský vodopád

Biely Potok - Ostré - Brankov - Brankovský vodopád - Podsuchá

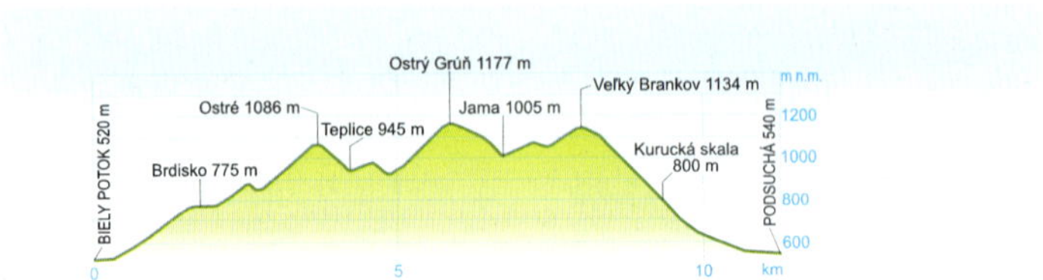

Lage: Niedere Tatra (Norden) - westlicher Teil.

Ausgangspunkt: Biely Potok, Haltestelle SAD, Parkplatz.

Zielpunkt: Podsuchá, Haltestelle SAD, Parkplatz.

Zeitplan: Biely Potok - Brdisko ¾ Std. - Ostré ¾ Std. - Teplice ¼ Std. - Brankov 1 Std. - Jama ½ Std. - Veľký Brankov ½ Std. - Brankovský vodopád ½ Std. - Podsuchá 1 Std.

Insgesamt: 5 ¼ Stdn.

Höhenunterschied: 657 m.

Karte: Nízke Tatry - Chopok 1 : 50 000 (Blattnr. 122), VKÚ, š. p., Harmanec.

Schwierigkeitsgrad: Mittelschwere und anspruchsvolle Tour mit kurzem und steilem Aufstieg auf den Kamm sowie Abstieg vom Kamm.

Basistour: An der Autobushaltestelle in der Ansiedlung **Biely Potok** (520 m), die heute ein Teil von Ružomberok ist, gehen wir über die Brücke in östlicher Richtung auf der parallel mit der Hauptstraße verlaufenden Straße. Wir folgen der grünen Marke (5605). Wir biegen in die nördlichste Seitenstraße ein, an die sich später ein steil auf den westlichen Hang des Kammes Brankov steigender Weg anschließt. Während wir durch den Wald hinaufsteigen bieten sich uns schöne Rückblicke auf Veľká Fatra. Mit dem Weg steigen wir bis zum Sattel **Brdisko** (775 m) hinauf. Vom Sattel biegt links ein Weg zum nahen Gipfel **Borovnisko** (866 m) mit schöner Aussicht ab. Der Weg ist mit Hinweiszeichen versehen. Auf der gleichen Strecke kehren wir von Borovnisko zum Sattel zurück, von wo aus wir die Tour in Richtung Süden mit Überschreiten des Kammes Brankov fortsetzen werden. Wir steigen steil auf einen ebeneren Abschnitt des Kammes **Kutiny** (889 m). Am felsigen Gipfel **Ostré** (1 086 m) kommen wir auf den waagerechten bewaldeten Kamm mit kurzem abschließenden steilem Aufstieg. Im Jahre 1944 spielten sich hier erbitterte Kämpfe der Partisanen mit den deutschen Truppen ab, deshalb nennt man Ostrô auch das „slowakische Alcasar". Von Ostrô sinkt der Kamm zum Sattel **Teplice** (945 m) ab. An der Gabelung kann man mit Abbiegen nach links auf die gelbe Marke zum SNP Denkmal im Tal Ľudrovská dolina gehen. Die Strecke der Tour geht auf dem schmalen Kamm in Richtung Süden weiter. Wir steigen auf das interessanteste Stück des Kammweges hinauf. Nacheinander kommen wir über alle Gipfel und Einsenkungen im Massiv **Brankov**, die uns interessante Ausblicke auf Veľká Fatra und Salatín bieten. Zuerst kommt der Ostrý grúň (1 177 m) genannte nördliche Gipfel. Von ihm steigen wir abschüssig und steil zum Wiesensattel **Jama** (1 005 m) hinab, hinter dem man auf den mittleren Gipfel, bekannt unter der Bezeichnung **Rebro** hinaufsteigt. Es folgt der letzte kahle südliche Gipfel mit dem Namen Čierny vrch oder **Veľký Brankov** (1 134 m). Vom südlichsten des Dreiergipfels des Brankover Kammes kommen wir zum grasbewachsenen Rücken hinunter. Seinen Bogen zur Südseite kopiert auch der Wanderweg. Er biegt in das steile schluchtartige Tal Veľký Brankov ein. An einer Stelle verläuft der Weg unter Kurucká skala (800 m) vorbei. Auf der hohen Felsgalerie kann man den Wasserfall **Brankovský vodopád** sehen. Den Abstieg vom Kamm Brankov beenden wir an der Autobushaltestelle in der Ansiedlung **Podsuchá** (540 m).

Wasserfall Brankovský vodopád

46 Kammwanderung - Niedere Tatra (1. Teil)

Donovaly - Kozí chrbát - Veľká Chochuľa - Ďurková - Schutzhütte unter dem Sattel Sedlo Ďurková

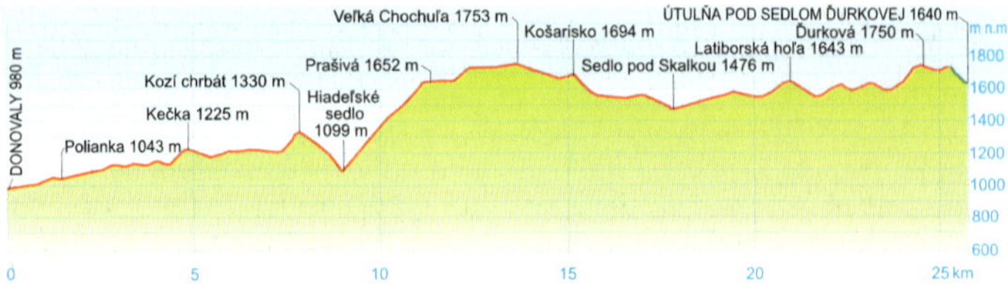

Lage: Starohorské vrchy und Niedere Tatra - westlicher Teil.
Ausgangspunkt: Donovaly, Haltestelle SAD, Parkplatz.
Zielpunkt: Schutzhütte unter dem Sattel Sedlo Ďurková.
Zeitplan: Donovaly - Kečka 1 ¾ Stdn. - Kozí chrbát 1 Std. - Hiadeľské sedlo ½ Std. - Veľká Chochuľa 2 ¼ Stdn. - Sedlo pod Skalkou 1 ¼ Stdn. - Latiborská hoľa 1 ¼ Stdn. - Zámostská hoľa ¾ Std. - Ďurková 1 ¼ Stdn. - Schutzhütte unter dem Sattel Sedlo Ďurková ½ Stdn.
Insgesamt: 10 ½ Stdn.
Höhenunterschied: 773 m.
Karte: Okolie Banskej Bystrice - Donovaly, Nízke Tatry - Chopok 1 : 50 000 (Blattnr. 100, 122), VKÚ, š. p., Harmanec.

Schwierigkeitsgrad: Schwere und anspruchsvolle Hochgebirgstour dank ihres großen Höhenunterschiedes und ihrer Länge. Auf der ganzen Strecke gibt es keine geeigneten Notunterkünfte, es fehlen auch Möglichkeiten zur Ergänzung von Vorräten. Die letzte Möglichkeit zur Auffüllung der Wasservorräte ist oberhalb vom Sattel Hiadeľské sedlo und danach erst im Ziel der Tour an der Schutzhütte unterhalb des Sattels Sedlo Ďurková. Der Zugang zu dieser erneuerten touristischen Schutzhütte auf der südlichen Seite vom Hauptkamm unter dem Sattel Sedlo Ďurková ist nur zu Fuß möglich.
Basistour: Mit Ausnahme des abschließenden Abstieges zur Schutzhütte unter dem Sattel Ďurková folgen wir im ersten Abschnitt der Kammtour nur dem rot markierten Weg Cesta hrdinov SNP (E8, 0801). Von **Donovaly** (980 m) aus begeben wir uns in südliche Richtung. Die feste Straße endet in der Ansiedlung **Polianka** (1 043 m). Eine etwas steiler ansteigende Waldstraße führt zum bewaldeten Hang des Plateaus Barania hlava weiter. Auf dem Plateau hält sich die Höhe ungefähr bei 1 030 m über dem Meeresspiegel. Nach einem leichten Abstieg zum flachen Wiesensattel **Moštenické sedlo** (1 050 m) folgt ein kurzer steiler Aufstieg auf den kahlen Gipfel **Kečka** (1 225 m). Die kahle Landschaft mit schönen Ausblicken begleitet uns auch auf dem höchsten Kamm der Starohorské vrchy bis zum Sattel Hiadeľské sedlo. Der markierte Weg verläuft hier über den höchsten Gipfel dieses Gebirges, über **Kozí chrbát** (1 330 m). Das schwerste Stück der Tour erwartet uns ab Sattel **Hiadeľské sedlo** (1 099 m),

Prašivá

wo wir das Gebiet des Gebirges der Niederen Tatra betreten. Der Aufstieg auf den Kamm Prašivá ist anstrengend und lang. Er verläuft durch die Waldregion bis zur Region der Krummholzkiefern und Alpenwiesen auf dem hohen Gebirgskamm. Die Steigung mäßigt sich erst dicht vor dem Gipfel **Prašivá** (1 652 m), der um 500 Meter höher liegt wie der Sattel Hiadeľské sedlo. Auf dem scharfen Kamm erlaubt uns die Gruppe Prašivá auch bei schlechten Sichtverhältnissen kein Verirren an den steil abfallenden Hängen zu beiden Seiten. Nach Überwinden von **Malá Chochuľa** (1 719 m) steigen wir auch auf den höchsten Punkt unserer Tour, auf **Veľká Chochuľa** (1 753 m) hinauf. Von hier aus senkt sich der grasbewachsene Kamm über Košarisko und Skalka bis zum flachen plateauartigen Sattel **Sedlo pod Skalkou** (1 476 m). Von ihm biegt

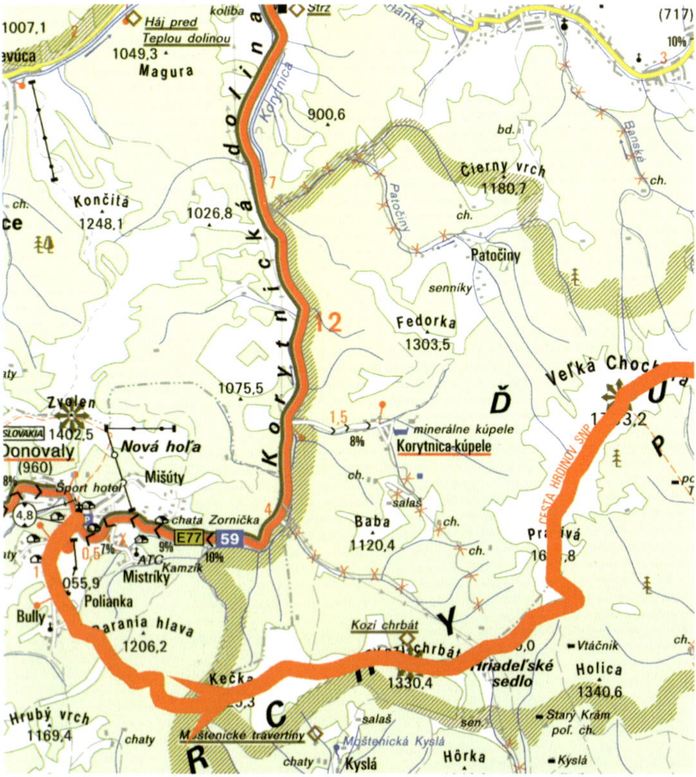

links die gelbe Marke ab, die nach Liptovská Lužná führt. Wir bleiben auf dem Kammweg, der sehr mäßig zu **Veľká hoľa** (1 640 m) hinaufsteigt, dessen Gipfel er rechts ausweicht. Die letzte mächtige Kulmination ist die breite ausgedehnte **Latiborská hoľa** (1 643 m), auf die ein steiler Weg hinaufführt und unser Aufstieg wird sehr anstrengend. Beim Abstieg von ihm kommen wir an einer Gabelung mit blauer Marke vorbei und gehen weiter nach **Zámostská hoľa** (1 612 m). Beim Abstieg von ihm zum flachen Sattel, durch den quer die gelbe Marke führt, folgt ein gemäßigteres Stück des Kammes, das mit einem steileren Aufstieg auf **Ďurková** (1 750 m) endet. Dahinter erwartet uns nur noch Abstieg, zuerst zum Sattel **Sedlo Ďurková** (1 709 m) und danach auf der grünen Marke zur **Schutzhütte unter dem Sattel Sedlo Ďurková** (1 640 m).

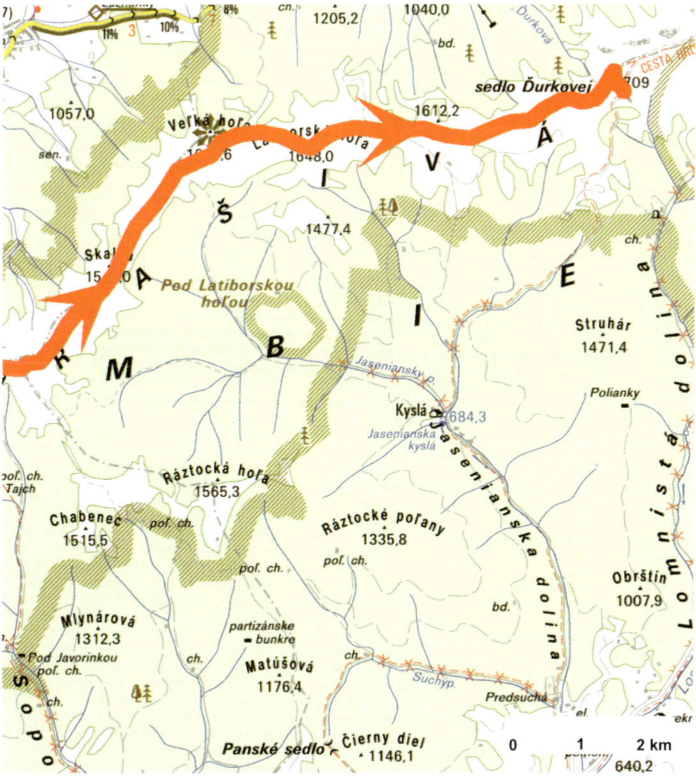

47 Kammwanderung - Niedere Tatra (2. Teil)

Schutzhütte unter dem Sattel Sedlo Ďurková – Chabenec – Chopok – Ďumbier – Chata gen. M. R. Štefánika

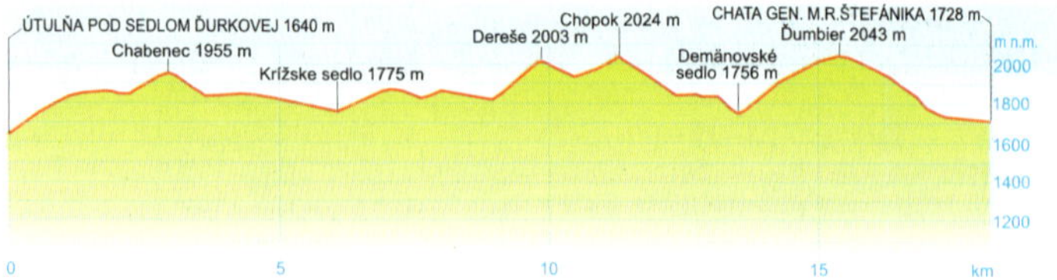

Lage: Niedere Tatra - westlicher Teil.
Ausgangspunkt: Schutzhütte unter dem Sattel Sedlo Ďurková.
Zielpunkt: Chata gen. M. R. Štefánika.
Zeitplan: Schutzhütte unter dem Sattel Sedlo Ďurková - Chabenec 1 ¼ Stdn. - Kotliská ¾ Std. - Poľana ¾ Std. - Dereše 1 ½ Stdn. - Chopok ¾ Std. - Krúpova hoľa 1 ¾ Stdn. - Ďumbier ¾ Std. - Krúpova hoľa-Gabelung ½ Stdn. - Chata gen. M. R. Štefánika ¾ Std.
Insgesamt: 8 ¾ Stdn.
Höhenunterschied: 403 m.
Karte: Nízke Tatry - Chopok 1 : 50 000 (Blattnr. 122), VKÚ, š. p., Harmanec.

Schwierigkeitsgrad: Schwere und anstrengende ganztägige Hochgebirgstour mehr durch ihre Länge als durch den Höhenunterschied. Wir empfehlen die Tour sehr zeitig in der Früh zu beginnen. Man muß mit einem ganztägigen Aufenthalt im Hochgebirge rechnen. Der Anspruch der Tour verstärkt sich noch, wenn ungünstige Witterungsbedingungen und schlechte Sichtverhältnisse (was häufig eintritt!) hinzukommen. Der einzige Punkt auf der Strecke, der die Möglichkeit einer Notunterkunft bietet, ist die Hütte Kamenná chata auf Chopok. Zwischen Chabenec und Poľana gibt es nur

sehr lange und anstrengende Strecken eines eventuellen Abstieges vom Hauptkamm.

Basistour: Der zweite Tag auf dem Kamm ist sehr anspruchsvoll und lang. Deshalb ist es ratsam schon bei Tagesanbruch aufzubrechen. Von der **Schutzhütte unter dem Sattel Sedlo Ďurková** (1 640 m) gelangen wir mit einem kurzen Aufstieg auf der grünen Marke (5609) leicht zur Gabelung über dem Sattel **Sedlo Ďurková** (1 709 m). Hier sind wir am Beginn einer langgezogenen Steigung zum gerundeten Gipfel **Chabenec** (1 955 m). Bis zum Ende der Tour werden wir der roten Marke (E8, 0801) folgen. Vom ausgedehnten Chabenec gehen wir auf dem schroffen kleinen Kamm nach **Kotliská** (1 937 m), von dem nach Süden der größte Gebirgsnebenzug der Niederen Tatra, Skalka, verläuft. Die Landschaft um uns herum wird immer bizarrer, den Kamm engen steile, in die tiefen, ursprünglichen Gletschertäler reichende Hänge ein. Das Felsrelief sieht man besonders an der nördlichen Seite, wo sich schattige Gletscherkessel ausbreiten. Von Kotliská geht die Strecke steiler bis zum Sattel **Krížske sedlo** (1 775 m) hinunter und steigt dann erneut nach **Poľana** (1 890 m) an. Hinter Poľana kommen wir auf den höchsten Abschnitt des Hauptkammes über dem Ende des Tales Demänovská dolina. Vom nahen Sattel **Sedlo Poľana** (1 837 m) kann man auf der gelben Marke verhältnismäßig schnell zum See Vrbické pleso absteigen. Der Kammweg geht jedoch mit einer leichten Steigung zu den ersten Zweitausendern auf unserer Kammwanderung der Niederen Tatra weiter, auf **Dereše** (2 003 m) und **Chopok** (2 024 m). Dereše weicht der Weg leicht aus, ein Abstecher zum Gipfel belohnt uns aber mit einem herrlichen Ausblick. Auf Chopok haben wir wiederum eine seltene Gelegenheit für eine Erfrischung in der Hütte Kamenná chata. Der schönste Ausblick bietet sich vom höchsten östlichen Gipfel des Chopok, der sich über der Hütte erhebt. Die Sessellifte zu beiden Seiten des Chopok sind langfristig außer Betrieb, deshalb setzen wir unsere Kammwanderung fort. Dieser Abschnitt gehört zu den touristisch frequentiertesten Abschnitten, deshalb ist auch der Weg

Dereše

breit und deutlich. Zu jeder Jahreszeit, aber besonders im Sommer, treffen wir hier Scharen von Touristen. Wir steigen leicht zum Sattel **Demänovské sedlo** (1 756 m) hinab. Von der deutlichen Einsenkung zwischen den beiden bekanntesten Gipfeln der Niederen Tatra, Chopok und Ďumbier, gelangen wir durch einen kurzen Aufstieg auf **Krúpova hoľa** (1 927 m), unter dem sich eine wichtige Kreuzung der touristischen Wanderwege befindet. Einer von ihnen führt zu einer kurzen rot markierten Abzweigung, die den Touristen zur Bezwingung des **Ďumbier** (2 043 m) dient. Es wäre ein Fehler, diesen höchsten Gipfel der Niederen Tatra aus dem Programm des Ausfluges auszulassen. Es lohnt sich besonders, ihn bei schönem Wetter zu absolvieren, denn der Rundblick von diesem Gipfel ist einzigartig. Nach Rückkehr zur Gabelung unterhalb von **Krúpova hoľa** führt uns zum Ziel des zweiten Tages der Kammwanderung in der Hütte **Chata gen. M. R. Štefánika** (1 728 m) der in Traversen schräg durch den mit Geröll bedeckten südlichen Hang des Ďumbier führende Weg.

Kotliská

48 Kammwanderung - Niedere Tatra (3. Teil)

Chata gen. M. R. Štefánika - Čertovica - Schutzhütte Ramža

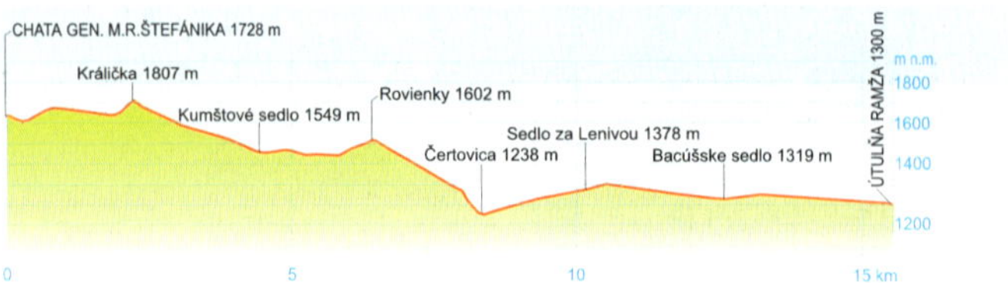

Lage: Niedere Tatra - östlicher Teil.

Ausgangspunkt: Chata gen. M. R. Štefánika.

Zielpunkt: Schutzhütte Ramža.

Zeitplan: Chata gen. M. R. Štefánika - Králička ¾ Std. - Kumštové sedlo ¾ Std. - Rovienky ½ Std. - Čertovica ¾ Std. - Sedlo za Lenivou ¾ Std. - Bacúšske sedlo ¾ Std. - Schutzhütte Ramža ¾ Std.

Insgesamt: 5 Stdn.

Höhenunterschied: 569 m.

Karte: Nízke Tatry - Chopok, Nízke Tatry - Kráľova hoľa 1 : 50 000 (Blattnr. 122, 123), VKÚ, š. p., Harmanec.

Schwierigkeitsgrad: Mittelschwere und anspruchsvolle Hochgebirgstour mit verhältnismäßig geringem Höhenunterschied. Sie ist nach den bedeutend anstrengenderen Abschnitten der ersten zwei Tage erholsam. Diesen Teil der Kammwanderung beenden wir in der touristischen Schutzhütte Ramža auf dem Hauptkamm der Kráľova hoľa - Tatra vor dem Ende des Tales Bacúšska dolina. Sie ist nur zu Fuß zu erreichen. Es befindet sich hier auch eine Trinkwasserquelle.

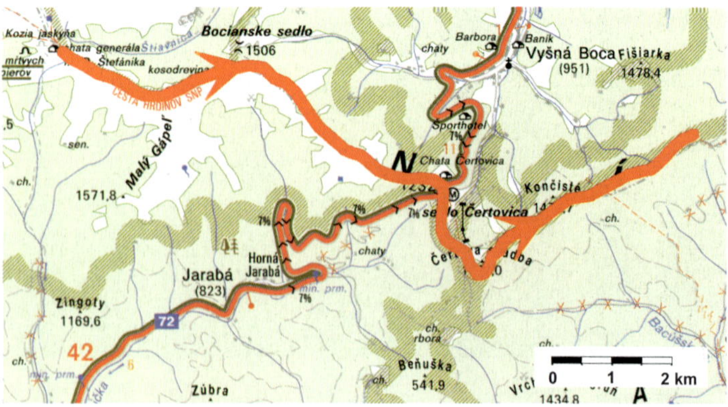

Basistour: Den dritten Tag der Kammwanderung beginnen wir an der Hütte **Chata gen. M. R. Štefánika** (1 728 m). Den ganzen Tag folgen wir der roten Marke (E8, 0801). Zu Beginn erwartet uns ein Abschnitt ohne größeren Höhenunterschied. Steiler ist nur ein kurzer Aufstieg auf den Hang **Králička** (1 807 m), der gleichfalls der höchste Punkt während des dritten Tages der Kammwanderung ist. Dem Gipfel weicht der Weg links aus und verläuft leicht bergab bis nach **Panská hoľa** (1 635 m). Mit einem etwa steileren Abstieg gelangen wir zum Sattel **Kumštové sedlo** (1 549 m), wo sich der Kammweg mit der grünen Marke kreuzt. Die grasbewachsenen kahlen Gipfel wechselt bald dichter Krummholbezwuchs ab. Ab **Rovienka** (1 602 m) befinden wir uns erneut auf grasbewachsenen kahlen Flächen. Die steiler werdende Strecke bewirkt, daß wir schneller in den Wald gelangen. Im Sattel **Čertovica** (1 238 m) haben wir Gelegenheit zu kurzer Rast und Erfrischung. Es ist gut, wenn wir hier die notwendigen Vorräte auffüllen, denn bis zum Ende des Kammweges bietet sich eine solche Möglichkeit nicht wieder. Je mehr wir uns vom lebhaften Sattel Čertovica entfernen, um so mehr dringen wir in die tiefe Waldesstille ein. Die leicht ansteigende bequeme Straße weicht in einem Bogen dem Gipfel **Čertova svadba** (1 463 m) aus. An der Gabelung im Sattel **Sedlo za Lenivou** (1 378 m) biegt die rot markierte Straße im scharfen Winkel ab und verläuft in nordöstlicher Richtung durch den Wald. Weiter weicht sie dem höher gelegenen Kamm, der auf Končistá (1 474 m) kulminiert, aus. Auf den Kamm kehren wir vorübergehend im Sattel **Bacúšske sedlo** (1 319 m) zurück, wo sich die rot markierte Strecke mit der grünen kreuzt. Vom Sattel Bacúšske sedlo verläuft die Tour in östlicher Richtung durch die dichtbewaldete Landschaft. Am Rande der Bergwiese **Ramža** (1 300 m) steht eine geöffnete Schutzhütte.

Lajštroch

49 Kammwanderung - NiedereTatra (4. Teil)

Schutzhütte Ramža - Homôľka - Veľká Vápenica - Schutzhütte Andrejcová

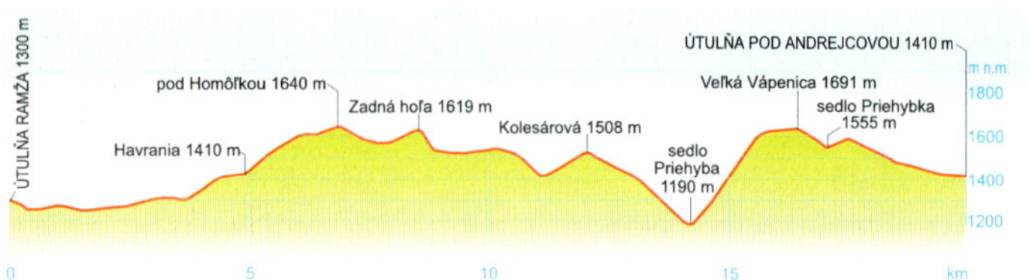

Lage: Niedere Tatra - östlicher Teil.
Ausgangspunkt: Schutzhütte Ramža.
Zielpunkt: Schutzhütte Andrejcová.
Zeitplan: Schutzhütte Ramža - Havrania 1 ¼ Stdn. - Zadná hoľa 1 Std. - Kolesárová 1 ¼ Stdn. - Priehyba 1 Std. - Veľká Vápenica 1 ¾ Stdn. - Priehybka ¼ Std. - Schutzhütte Andrejcová 1 Std.
Insgesamt: 7 ½ Stdn.
Höhenunterschied: 501 m.
Karte: Nízke Tatry - Kráľova hoľa 1 : 50 000 (Blattnr. 123), VKÚ, š. p., Harmanec.

Schwierigkeitsgrad: Mittelschwere und anspruchsvolle Hochgebirgstour mit verhältnismäßig geringem Höhenunterschied. Es stehen verhältnismäßig kurze und bequeme Abstiegsrouten an der südlichen Seite des Gebirges zur Verfügung.
Basistour: Von der **Schutzhütte Ramža** (1 300 m) gehen wir auf dem rot markierten Kammweg (E8, 0801) der Niederen Tatra weiter. Der Beginn verläuft nicht direkt auf dem Hauptkamm, sondern an seiner südlichen Seite. Der Kammweg überwindet in Traversen den höchsten Teil des Kammhanges am Ende des verzweigten Tales Bacúšska dolina. Er führt über die Bergwiese **Havrania**, hinter der ein wenig begangener Weg zum Hang **Homôľka** (1 660 m) hinaufsteigt. Den eigentlichen kahlen Gipfel laufen wir in Traversen im südlichen Hang entlang. Ein kurzer Abstecher auf ihn hinauf erinnert uns daran, daß die Niedere Tatra von Gipfeln mit herrlicher Aussicht strotzt. Vom Wiesensattel **Homôľka** (1 570 m) steigen wir durch Krummholzkiefern auf der roten Marke bis auf **Zadná hoľa** (1 619 m) hinauf. Auf

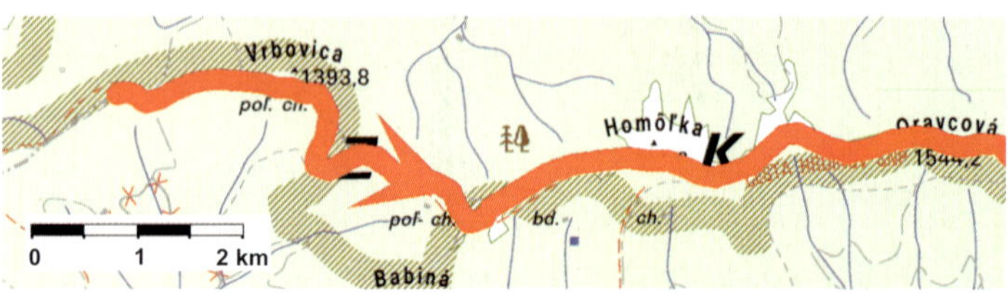

Zadná hoľa biegen wir links auf die gelbe Marke ab, die die Touristen benutzen, die auf den nahen massiven Karstgipfel Veľký bok (1 727 m) hinaufsteigen. Weiter nach Osten verläuft der Kammweg abwechselnd durch gewelltes Wiesen- und Waldterrain über **Oravcová** (1 544 m) bis **Kolesárová** (1 508 m). Die östlich von ihm gelegene Bergwiese eröffnet einen herrlichen Ausblick in östliche Richtung. Dank dessen können wir uns die Abschlußstrecke unserer Tour ansehen, in der der ausgedehnte Gipfel Veľká Vápenica dominiert. Zuerst jedoch, bevor wir den anstrengenden Aufstieg an seinem steilen westlichen Hang beginnen, müssen wir den bewaldeten Kamm zum Sattel **Priehyba** (1 190 m) hinuntersteigen. Im Sattel überqueren wir die befestigte Straße zwischen Heľpa und Čierny Váh. Die anstrengende Überwindung des kahlen Gipfels **Veľká Vápenica** (1 691 m) wird letztendlich durch einen einzigartigen Rundblick kompensiert. Der Abstieg an der östlichen Seite ist bedeutend schneller und bequemer. Auf der alten Straße gehen wir zu dem flachen hoch gelegenen Sattel **Priehybka** (1 555 m). Das letzte unangenehme, aber glücklicherweise nur kurze Stück der Tour ist der Aufstieg durch felsiges Terrain auf den nicht hohen **Heľpiansky vrch** (1 586 m). Nach seiner Bezwingung bleibt uns nur noch eine abschließende halbe Stunde bequemen Fußmarsches zur **Schutzhütte Andrejcová** (1 410 m). Diese touristische Schutzhütte auf der Bergwiese am nahen gleichnamigen Gipfel im mittleren Teil des Hauptkammes der Kráľova hoľa - Tatra ist der traditionelle Übernachtungsort aller Touristen auf der Kammwanderung der Niederen Tatra. Sie bietet einfache Unterkunft für 15 Touristen in eigenen Schlafsäcken. Nahe der Schutzhütte befindet sich eine Quelle.

Andrejcová

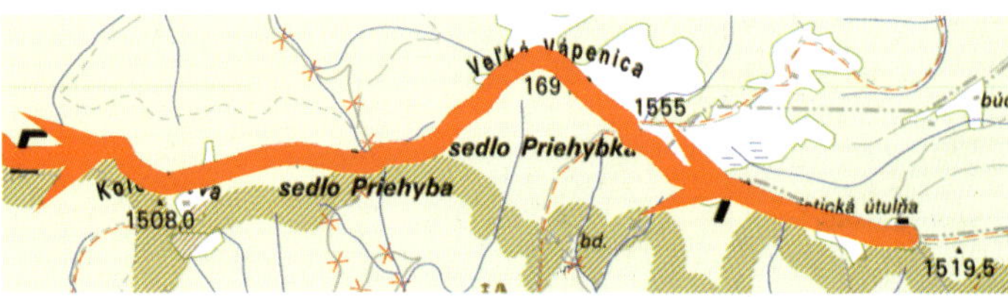

50 Kammwanderung - Niedere Tatra (5. Teil)

Schutzhütte Andrejcová – Orlová – Kráľova hoľa – Telgárt

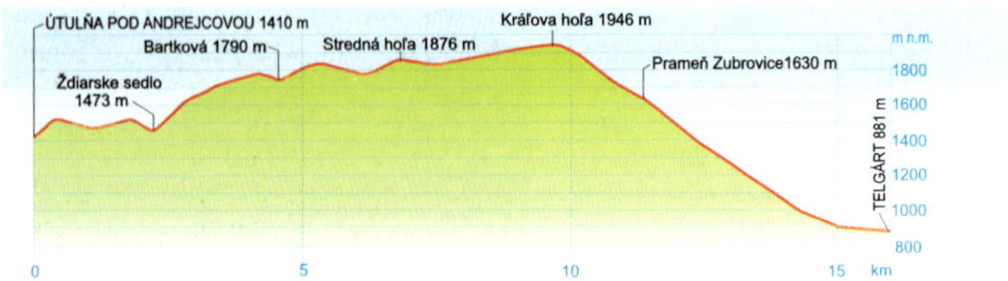

Lage: Niedere Tatra - östlicher Teil.
Ausgangspunkt: Schutzhütte Andrejcová.
Zielpunkt: Telgárt, Haltestelle SAD, Haltestelle ŽSR, Parkplatz.
Zeitplan: Schutzhütte Andrejcová - Ždiarske sedlo ½ Std. - Orlová 1 ½ Stdn. - Kráľova hoľa 1 ¼ Stdn. - Prameň Zubrovice ½ Std. - Telgárt 1 ½ Stdn.
Insgesamt: 5 ¼ Stdn.
Höhenunterschied: 1 065 m.
Karte: Nízke Tatry - Kráľova hoľa 1 : 50 000 (Blattnr. 123), VKÚ, š. p., Harmanec.

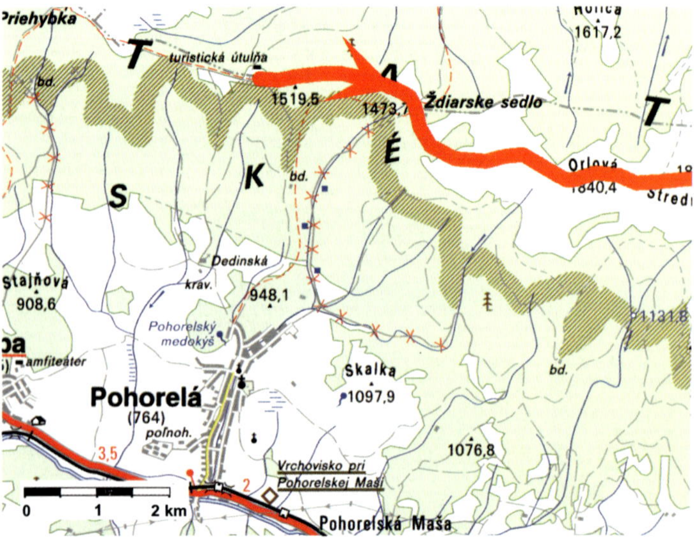

Schwierigkeitsgrad: Mittelschwere und anspruchsvolle Hochgebirgstour mit kleinen Höhenunterschieden auf dem Kamm und langem sowie auch steilem Abstieg von Kráľova hoľa nach Telgárt.

Basistour: Von der **Schutzhütte Andrejcová** (1 410 m) gehen wir auf der roten Marke (E8, 0801) in östlicher Richtung. Von der Gipfelwiese **Andrejcová** (1 519 m) steigen wir zum flachen Sattel **Ždiarske sedlo** (1 473 m) hinab. Wenn wir an der Gabelung die blaue Marke wählen, so kommen wir nach Pohorelá (Abbiegen nach rechts) oder nach Liptovská Teplička (Abbiegen nach links). Wir bleiben jedoch der roten Marke treu, auf der wir auf den schroffen Hang des höchsten Teiles von Kráľovohoľské Tatry hinaufsteigen. Bis zum östlichen Hang von Kráľova hoľa werden wir uns auf dem hoch gelegenen windigen kahlen Gipfel bewegen. Nacheinander bezwingen wir die drei Erhöhungen im Hauptkamm, deren Höhe von West nach Ost zunimmt. Wir steigen auf **Bartková** (1 790 m), **Orlová** (1 840 m) und **Stredná hoľa** (1 876 m) hinauf. Der Weg verläuft abwechselnd über Gras und Felsbrocken. Vorsicht, damit wir uns nicht verirren, stellenweise müssen wir die an den Steinen angebrachten Zeichen verfolgen. Unangenehm wäre besonders das ungewollte Herumirren in den Steilwänden der nördlichen, mit undurchdringlichem Krummholz bewachsenen Kessel. Hinter Stredná hoľa erweitert sich der Kamm und rundet sich ab. Der ständig näher kommende Fernsehsender auf dem legendären Gipfel **Kráľova hoľa** (1 946 m) weist uns den Weg. Für den schönsten

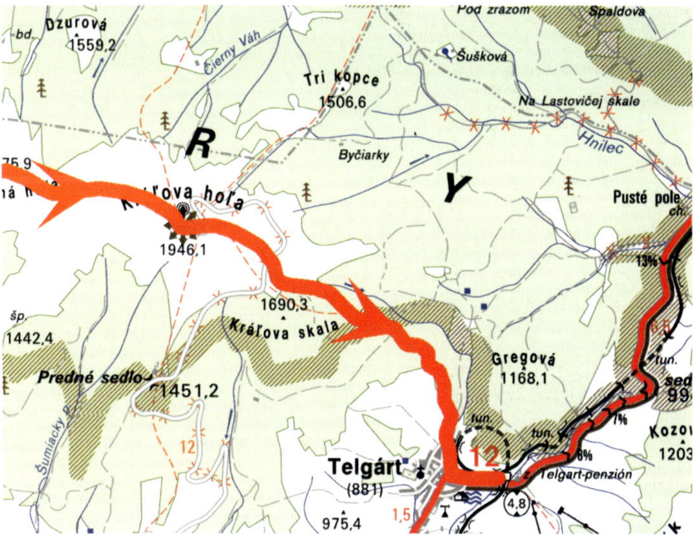

Kráľova hoľa

Ausblick muß man auf malerische Felsen hinaufklettern, von wo sich ein unvergeßlicher Ausblick auf die ungewöhnlich nahe Hohe Tatra und Westtatra bietet. Vom Gipfel Kráľova hoľa führen bis zu fünf Abstiegsrouten hinab. Damit wir die Kammwanderung der Niederen Tatra als Ganzes beenden, werden wir uns weiter auf der roten Marke halten. Im oberen Abschnitt des steilen Abstieges kreuzen wir zweimal die feste Straße, die Kráľova hoľa mit der Gemeinde Šumiac an ihrem südlichen Hang verbindet. Beim zweiten Überqueren können wir uns am erfrischenden Mineralwasser aus der Quelle **Prameň Zubrovice** (1 630 m) erquicken. Beim weiteren Abstieg folgen wir dem Bach Zubrovica, der aus dieser Quelle entspringt. Auf der rechten Seite ragen die felsigen Erhöhungen von Kráľova skala empor. Ein Stück tiefer kommen wir in Fichtenwald. Außer kurzen Traversen ist der Abstieg verhältnismäßig steil und unangenehm. Das abschließende Stück biegt in einem leichten Bogen nach links. In **Telgárt** (881 m) folgen wir der Straße bis zur Hauptstraße. Wenn wir hier nach links abbiegen, kommen wir zum örtlichen Bahnhof, wo der 5. Teil der Kammwanderung der Niederen Tatra endet.

Natursehenswürdigkeiten

Niedere Tatra – Süden

Ein idealer Ausgangspunkt für Touren in den südwestlichen Teil der Niederen Tatra ist die Gebirgsortschaft **DONOVALY** (960 m, 150 Einwohner). Sie ist sowohl im Winter wie auch im Sommer ein beliebter Erholungsort. Hier nehmen mehrere gekennzeichnete Wanderwege ihren Ausgang, von denen der bedeutendste **Cesta hrdinov SNP** ist, der auf dem Kamm der Niederen Tatra entlang führt. Die Kammtour ist ein wirklicher touristischer „Leckerbissen" und ihr Absolvieren bereitet höchste touristische und ästhetische Erlebnisse. Die Teilung in mehrere Abschnitte mit Übernachtung in Berghütten und Unterständen auf dem Kamm oder dicht unter ihm (Touren Nr. 46, 47, 48, 49 und 50) ist zu empfehlen. Den ersten Abschnitt der Kammtour kann man z.B. zum Paß Hiadeľské sedlo ausprobieren, von dem man zu dem am höchsten gelegenen Bad in der Slowakei - zu **Korytnica-kúpele** (825 m, Tour Nr. 2) absteigen kann. Zu den interessanten Wanderwegen von Donovaly aus gehört auch der Lehrpfad über Starohorské vrchy zur Bergbaugemeinde **ŠPANIA DOLINA** (710 m, 150 Einwohner, Tour Nr. 1) mit erhaltener Volksarchitektur.

Die Südhänge der Niederen Tatra sind von einer Vielzahl von Tälern mit vorwiegend nordsüdlicher Ausrichtung durchzogen. Zu den interessantesten westlich gelegenen Tälern gehören z. B. die Täler Hiadeľská und Uhliarska dolina, die gemeinsam einen schönen Kreis bilden, der für einen ganztägigen Ausflug geeignet ist. Ausgangspunkt dieser Tour (Nr. 3) ist die Gemeinde **HIADEĽ** (500 m, 600 Einwohner). Das gleichnamige, etwa 10 km lange Tal, trennt die Niedere Tatra von Starohorské vrchy. Seine größte Besonderheit ist die Mineralquelle **Hiadeľská kyslá**, die sich ungefähr 2,5 km von seinem nördlichen Ende befindet. Über den Paß Hiadeľské sedlo und das **Naturreservat Kozí chrbát** kann man zum Paß Zubová gelangen, von dem es nur eine kurze Strecke bis zum **Naturdenkmal Moštenické travertíny** und zur Mineralquelle **Moštenická kyslá** ist. Der Abstieg durch das Tal Uhliarska dolina endet in der kleinen Vorgebirgsgemeinde **MOŠTENICA** (452 m, 200 Einwohner).

Die östlicher gelegene Gemeinde **RÁZTOKA** (480 m, 350 Einwohner) kann ebenfalls ein geeigneter Ausgangs- oder Zielpunkt mehrerer Wandertouren sein. Der Ausflug auf die Bergwiesen **Ráztocké lazy** (Tour Nr. 5) gehört zu den wenig anspruchsvollen, der Aufstieg auf **Ráztocká hoľa** (1 565 m) oder auf **Veľká Chochuľa** (1 753 m) jedoch zu den anspruchsvollen Touren. Sein, von mehreren Richtungen zugänglicher, Gipfel bietet einen umfassenden Rundblick (Tour Nr. 4). Der rot gekennzeichnete Wanderweg sog. Partisanenweg führt von Ráztoka zu der östlicher gelegenen Gemeinde **JASENIE** (507 m, 1 150 Einwohner), die ein idealer Ausgangspunkt für Wanderungen nach **Ďurková** (1 750 m) oben über **Lomnistá** (Tour Nr. 8) oder durch das Tal **Jasenianska dolina** ist. Den Partisanenweg am südlichen Bergfuß der Niederen Tatra aus Jasenie weiter folgend, erreicht man sehr bald den Erholungsort **Krpáčovo**, ein touristisches Zentrum am Fuße der Ďumbierske Tatry. Eine Vielzahl von Hotels, Privathütten und ein Staubecken machen aus Krpáčovo einen beliebten Ort für Sommer- und Wintertouristik besonders für Familien mit Kindern. Für sie sind die Wanderwege nach Tále (Tour Nr. 9) oder um die Quelle **Prameň Sama Chalupku** (Tour Nr. 8) nach **HORNÁ LEHOTA** (640 m, 600 Einwohner) und **DOLNÁ LEHOTA** (480 m ü. M., 750 Einwohner) wie geschaffen. Anspruchsvollere und ausdauernde Touristen gehen gern in eins der längsten Täler am südlichen Bergfuß der Niederen Tatra – Vajskovská dolina (Länge etwa 20 km) mit einer eindrucksvollen Szenerie, mit Wasserfällen und Felshängen (Tour Nr. 7).

Mit Krpáčovo ist ein weiteres der bedeutenden Erholungszentren nahezu verbunden, die Gemeinde **Tále** (Tour Nr. 9). Die günstige Lage unter dem Massiv Chopok, Wintersporteinrichtungen, Schwimmbad, Übernachtungs- und Gaststätteneinrichtungen machen es im Sommer wie auch im Winter zu einem großen Anziehungspunkt für die Besucher. Tále ist heute eines der meistbesuchten Zentren der Tourismusbranche in der Niederen Tatra und es bietet in seiner Umgebung viele Möglichkeiten für die Sommertouristik. Von den Touristen wird am meisten das Tal **Bystrá dolina** aufgesucht, das bis zum Hauptkamm der Niederen Tatra führt. Es verläuft hier auch die Tále mit den Erholungs- und Tourismuszentren **Trangoška** und **Srdiečko** verbindende Hauptstraße. Beide Zentren sind ideale Ausgangspunkte für Touren auf den höchsten Gipfel der Niederen Tatra **Ďumbier** (2 043 m, Touren Nr. 11 und 13), auf **Chopok** (2 024 m, Tour Nr. 12) oder auf **Baba** (1 617 m, Tour Nr. 10). Liebhaber von Fußwanderungen finden hier mehrere gekennzeichnete Wanderwege und können sich die für sie am besten geeignete Tour auswählen. Besonders der Abschnitt zwischen Ďumbier und Chopok ist wegen seiner Aussicht sehr attraktiv und in den Sommermonaten muß man hier mit vielen Touristen rechnen. Das Massiv Ďumbier ist **Nationales Naturreservat,** eines der größten in der Slowakei (2 044 ha). Hochgebirgskarst (von den bedeutendsten Höhlen muß man z.B. die Höhle **Jaskyňa mŕtvych netopierov** mit einer Vielzahl von Höhlengängen in mehreren Ebenen, zugänglich mit speläologischem Führungsdienst, erwähnen), Felsgipfel und Talkessel, Bergwiesen, Krummholzkieferbestände und tiefe Wälder mit reicher Flora und Fauna mit vielen geschützten Arten bereiten dem Besucher einmalige Erlebnisse. Erwähnenswert sind auch die Möglichkeiten für Übernachtung und Verpflegung in diesem Teil der Niederen Tatra besonders in der Hütte **Kamenná chata** unter dem Chopok und die Berghütte **Chata gen. M. R. Štefánika** unter Ďumbier, sowie die Berghotels **Kosodrevina, Srdiečko** und **Trangoška**.

Touristen machen auch häufig Rast im Paß **Čertovica**, der etwa 7 km in östlicher Richtung von der Hütte Chata gen. M. R. Štefánika auf dem

Wasserfall Vajskovský vodopád

Stredná hoľa von Kráľova hoľa

Kamm der Niederen Tatra liegt. Vom Paß Čertovica, über den eine verhältnismäßig frequentierte Bergstraße führt, kann man mehrere Ausflüge in alle Richtungen unternehmen. Zu den beliebtesten Fußwanderungen von Čertovica aus gehört besonders die Tour auf dem Kamm der Niederen Tatra in westlicher Richtung mit Abzweigungen zum Paß **Bocianske sedlo** (1 505 m) und zum Tal **Starobocianska dolina** (Tour Nr. 14). In östlicher Richtung kann man auf dem Kamm bis zum Paß **Sedlo za Lenivou** (1 434 m) weiter wandern, dort kann man auf die grüne Wegmarkierung (Tour Nr. 15), die nach Süden zur Gemeinde **BRAVÄCOVO** (615 m, 750 Einwohner) führt, abbiegen. Wenn wir uns zum Weitergehen in östlicher Richtung auf dem Kamm entscheiden, befinden wir uns nach kurzer Zeit im Paß **Bacúšske sedlo** (1 319 m), wo man auf der blauen Marke (Tour Nr. 16) nach Süden zur Gemeinde **BACÚCH** (629 m, 1 100 Einwohner) oder Richtung Norden nach **VYŠNÁ BOCA** (951 m, 100 Einwohner) abbiegen kann.

In den östlichen Teilen der Niederen Tatra existieren an ihrem südlichen Bergfuß ebenfalls mehrere Alternativen für Fußwanderungen im Berg- und Hochgebirgsmilieu. Von der Gemeinde **POLOMKA** (628 m, 3 200 Einwohner) führt z. B. durch das Tal **Ždiarska dolina** eine Waldstraße hinauf (Tour Nr. 17), auf der man zum Kamm der Niederen Tatra gelangt und nach dem Aufstieg auf **Zadná hoľa** (1 619 m) erreicht man später die Gemeinde **ZÁVADKA NAD HRONOM** (627 m, 2 550 Einwohner). In Richtung und Entfernung ähnlich sind zwei Rundwege aus der am Hron gelegenen Gemeinde **HEĽPA** (695 m, 3000 Einwohner) und **POHORELÁ** (764 m, 2 900 Einwohner). Ziel des ersten Ausfluges (Tour Nr. 18) ist der Gipfel einer ausgeprägten Bergwiese mit einem herrlichen Ausblick auf die umgebende Landschaft – **Veľká Vápenica** (1 591 m). Der höchste Punkt des zweiten Rundweges (Tour Nr. 19) ist der Gipfel **Andrejcová** (1 519 m), wo sich eine hölzerne Blockschutzhütte befindet, die als Notunterkunft dient.

Dominante des östlichsten Teiles der Niederen Tatra ist **Kráľova hoľa** (1 946 m), nach der auch der östlichste Teil der Niederen Tatra benannt ist – Kráľovohoľské Tatry. Auf ihren Gipfel führen mehrere Wanderwege. Bei einer Tour auf Kráľova hoľa von der Südseite her kann man in den Gemeinden **TELGÁRT** (881 m, 1 600 Einwohner, Tour Nr. 20) oder **ŠUMIAC** (880 m, 1 450 Einwohner) beginnen. Beide gehören zu den mittleren anstrengenden Touren.

Niedere Tatra – Norden

Länger, anspruchsvoller und möglicherweise auch bekannter und beliebter als die Touren vom südlichen Bergfuß aus zu Kráľova hoľa ist der Wanderweg aus **LIPTOVSKÁ TEPLIČKA** (919 m, 2 200 Einwohner, Tour Nr. 21). Die grün markierte Wanderroute zum Kráľova hoľa führt in südöstlicher Richtung aus der Gemeinde. Im Kessel Liptovská kotlina und später im Tal Dolina Čierneho Váhu ist die Tour ein leichter Spaziergang, in der zweiten Hälfte, besonders ab der Bergwiese Záturňa (1 302 m), muß man große Höhenunterschiede überwlnden. Die Aussicht von **Kráľova hoľa** (1 946 m) ist aber die Schweißströme wert. Kráľova hoľa ist ein mächtiges Massiv und der höchste Gipfel im Osten der Niederen Tatra.

Die Umgebung der Gemeinde bietet auch mehrere Möglichkeiten für weniger anspruchsvolle Touren oder Spaziergänge. Für Familien mit Kindern ist besonders der Aufstieg auf **Doštianka** (1 235 m, Tour Nr. 22) zu empfehlen, ein kahler waldloser Rücken mit Skiterrain. Wenig anspruchsvoll ist auch der Spaziergang durch das Tal des Flusses Čierny Váh oder der Übergang von **LUČIVNÁ** (767 m, 900 Einwohner, Tour Nr. 23) zum nahen **VIKARTOVCE** (756 m,1 650 Einwohner) über **Kozie chrbty**.

Nur einige Kilometer in östlicher Richtung, am Zusammenfluß der Flüsse Biely und Čierny Váh, befindet sich die Gemeinde **KRÁĽOVA LEHOTA** (741 m, 700 Einwohner). Die Gemeinde Kráľová Lehota ist das Tor in das 35 km lange Tal **Dolina Čierneho Váhu**, das längste Tal der Niederen Tatra. Durch dieses Tal fließt der Fluß Čierny Váh, der am Fuß des Berges Kráľova hoľa, in einer Höhe von 1 680 m, entspringt. Im Tal befinden sich zwei Forstgemeinden, genannt **Svarín** und **Čierny Váh** (Touren Nr. 24 und 26), die durch das **Wasserspeicherwerk Čierny Váh** bekannt wurden, das das höchstgelegene Kraftwerk der Slowakei ist.

Kráľova Lehota liegt etwas unterhalb der verkehrsreichen Straße, die von der Liptau über den Paß Čertovica in der Niederen Tatra bis ins Gebiet am oberen Flußlauf des Hron führt. Die erste Gemeinde, die auf dieser Route liegt, und durch die täglich viele Pkws und Lkws fahren, ist **MALUŽINÁ** (733 m, 300 Einwohner).

Liebhaber von Fußwanderungen in der stillen und malerischen Umgebung der Niederen Tatra führt aus Malužiná ein blau markierter Wanderweg durch das Tal Malužinská dolina. Die blaue Markierung verläßt das Tal etwas später und führt ins Tal Dolina Hodruša. Man kann aber auch durch das Tal Malužinská dolina bis zur eisen-sulfathaltigen Quelle Malužinská kyslá voda weiterwandern. Touristisch interessanter ist aber die Tour durch das Tal Dolina Hodruša zum Paß Sedlo pod Veľkým Bokom. Überreste alter Bergbaustraßen erinnern an die Bergbauvergangenheit. Vom Paß kann man in südlicher Richtung auf einem gelb markierten Weg zum Gipfel **Široká** (1 535 m) und über Waldlichtungen mit Heidel- und Preiselbeeren bis zum Gipfel Zadná hoľa (1 620 m) im Hauptkamm der Niederen Tatra weiterwandern. Vom Paß Sedlo pod Veľkým bokom kann man auch in nördlicher Richtung den kegelförmigen Gipfel des **Veľký bok** (1 727 m) besteigen. Von dort kann man auf dem gelb markierten Wanderweg zum grasbewachsenen Rücken des Nemecký (1 535 m) und weiter in eines der malerischsten Täler in diesem Teil der Niederen Tatra - **Svarínska dolina** (Tour Nr. 25) - hinuntersteigen.

Etwas oberhalb von Malužiná liegen im Tal Bocianska dolina zwei Gemeinden - die „Schwestern" **NIŽNÁ BOCA** (851 m, 200 Einwohner) und **VYŠNÁ BOCA** (951 m, 100 Einwohner). Beide Gemeinden sind heute eher als Orte der Erholung mit vielen Hütten und Wochenendhäuschen bekannt. Sie sind ein idealer Ausgangspunkt für Sommer- wie Wintertouristik. Im Winter werden sie von Skifahrern aufgesucht, die in der Umgebung mehrere gut präparierte Pisten vorfinden.

Bedeutendstes Skizentrum ist der **Paß Čertovica** (1 428 m), im Sommer Ausgangspunkt für mehrere Wanderungen. Landschaftlich interessant ist die Tour vom Paß Richtung Osten auf dem Hauptkamm der Niederen Tatra. Es ist mehr oder weniger ein angenehmer Waldspaziergang bis zum Paß **Bacúšske sedlo** (1 319 m), von dem man auf der blauen Markierung bequem Vyšná Boca erreichen kann (Tour Nr. 16). In der anderen Richtung (Tour Nr. 14) kann man auf dem Kamm über den grasbewachsenen Gipfel **Lajštroch** (1 601 m) zum Paß **Kumštové sedlo** (1 548 m) laufen und auf den grün markierten Wanderweg abbiegen, der zum breiten Paß **Bocianske sedlo** (1 506 m) führt. Von hier erreicht man Vyšná Boca auf dem gelb markierten, bequemen Wanderweg, von dem man eine schöne Aussicht ins umliegende Land und auf die Überreste der Bergbautätigkeit hat. Vom Paß Bocianske sedlo kann man in nordöstlicher Richtung auch auf dem grün

Nižná Boca

markierten Pfad zum **Rovná hoľa** (1 723 m) wandern, von dem ein gelb markierter Weg über großteils offenes Gelände mit schöner Aussicht nach Nižná Boca führt (Tour Nr. 27).

Zum Zielobjekt vieler Besucher der Liptau wird vor allem die südlicher gelegene Gemeinde **LIPTOVSKÝ JÁN** (654 m, 800 Einwohner). Von Liptovský Ján bricht man auch in das Tal **Jánska dolina** auf, eines der längsten Täler der Niederen Tatra. Durch das Tal führt ein blau markierter **Wanderweg** auf dem man die Hütte **Chata gen. M. R. Štefánika** erreichen kann, die sich unter dem höchsten Gipfel der Niederen Tatra, dem Ďumbier (2 043 m) befindet. Aus dem Tal führen mehrere Wanderrouten (Touren Nr. 28, 29 und 30), auf denen der Besucher die vielfältige Flora und Höhlen bewundern kann.

Im Jahre 1964 entstand aus allen Ansiedlungen im Tal Demänovská dolina eine autonome Gemeinde, **DEMÄNOVSKÁ DOLINA** (820 m, 200 Einwohner). Zu dieser gehören: **Tri studničky** [Drei Brunnen] im unteren Teil, **Jaskyne**, **Repiská** und **Lúčky** im mittleren Teil und **Jasná** im oberen Teil des Tales. Hier liegt ein **Nationales Naturreservat** (Fläche 837 ha), dessen

Železné

unterer Teil eine Klamm ist, die sich durch Kalksteine und Dolomite gräbt. Der obere Teil besteht aus Granit mit Gletscherformationen (auf einer der Moränen liegt das Nationale Naturdenkmal Vrbické pleso). Das Wasser wird durch die Bäche Zadná voda und Demänovka abgeleitet, die durch ihren unterirdischen Lauf das großartige Höhlensystem des Nationalen Naturdenkmales **Demänovské jaskyne** bilden. Die schönste und bekannteste dieser Tropfsteinhöhlen ist die Höhle **Demänovská jaskyňa slobody**. Attraktiv und von Touristen gerne besucht, ist auch die nahe gelegene Höhle **Demänovská ľadová jaskyňa,** eine der ersten bekannten Höhlen der Welt.

Denjenigen, die gerne wandern, bietet das Tal Demänovská dolina zehn markierte Wanderwege (Tour Nr. 31-40), sowie ein dichtes Netz von bequemen Fußwegen für Spaziergänger, die so die Naturschönheiten genießen können. Während im unteren Talteil die Wege durch Wald, durch tiefe Schluchten und zwischen steilen Felsklippen hindurch führen, überwiegen im oberen Teil Latschen und Hochwiesen. Die meisten Trassen können als

Runden absolviert werden. Gut trainierte Bergsteiger sollten die Aufstiege auf die höchstgelegenen Gipfel der Niederen Tatra, den **Chopok** (2 024 m) und den **Ďumbier** (2 043 m) nicht versäumen. Sie bieten viele attraktive Aussichten, fast über die Hälfte der Slowakei.

PARTIZÁNSKA ĽUPČA (568 m, 1 300 Einwohner) ist auch der touristische Ausgangspunkt in das fast 20 km lange Tal **Ľupčianska dolina** (Tour Nr. 31), das durch seinen geschlossenen Waldbestand und den Wild-Reichtum bekannt ist. In diesem Tal befinden sich mehrere Forst- und Jagdhäuser. Durch das Tal führen viele Wanderwege, der bekannteste ist der blau markierte Wanderweg. Er führt vom sog. „Teich" (Reste eines Wasserbeckens, durch das früher Holz herabgeflößt wurde) bis zur kleinen Bergsiedlung **Magurka** (1 036 m, Tour Nr. 42). Diese alte Bergmannsiedlung entstand schon im 14. Jahrhundert und es wurde Gold-, Silber- und später Antimon- und Eisenerz abgebaut. Aus Magurka führen drei markierte Wege hinaus, die die Bergsteiger auf den Hauptkamm der Niederen Tatra bringen. Touristen, die in der Magura-Hütte untergebracht sind, besuchen gern die nahe Siedlung **Železné** (970 m, grüne Markierung). In der zweiten Hälfte des 19. Jahrhunderts entstand hier ein **Luft-Kurort**, der von mehreren Dichtern, Schriftstellern und Künstlern während des Sommers benutzt wurde. Heute befindet sich hier, außer der Mineralwasserquelle, ein Kindererholungsheim. Bei der Rückreise aus Ružomberok befinden sich im Liptauer Talkessel am Rand der Niederen Tatra einige Gemeinden. Die östlichste ist **SLIAČE** (550 m, 3 800 Einwohner, Tour Nr. 41), sie besteht aus drei Teilen, Nižný, Stredný und Vyšný Sliač. Sehenswert ist auch das **Naturreservat Sliačske travertíny** bei Vyšný Sliač mit warmen, schwefelwasserstoffhaltigen Sauerwässern und Travertinsedimenten.

Südwestlich der Kirche, an der Mündung des Tales Ludrovská dolina in den Kessel Liptovská kotlina, befindet sich die Gemeinde **LUDROVÁ** (565 m, 950 Einwohner). Wanderer und Bergsteiger durchqueren Ludrová meist nur auf ihrem Weg zum **Salatín** (1 630 m, Tour Nr. 43). Ein rot markierter Wanderweg, der im Tal eher problemlos ist, am Ende aber steil bergauf führt, bietet dem Betrachter verschiedene Karstformen (kleinere Klammen, Höhlen, Erdtrichter, Flußschwinden) und seltene Blumenarten. Vom Salatín kann man auf dem rot markierten Wanderweg über den Paß Ráztocké sedlo (1 231 m) bis zur urtümlichen Gemeinde **LIPTOVSKÁ LÚŽNA** (717 m, 3 050 Einwohner, Tour Nr. 44) wandern.

Zu der Niederen Tatra wandert man aus Biely Potok über einen Weg mit grüner Markierung bis zum **Borovnisko** (866 m), wo sich wunderschöne Ausblicke auf die Untere Liptau bieten. Der Weg führt über den Höhenrücken weiter auf die Kuppen des Berges **Ostrý** (1 066 m) und des Berges **Veľký Brankov** (1 134 m, Tour Nr. 45). An seinem Fuß befindet sich ein Wasserfall - das Nationale Naturdenkmal Brankovský vodopád mit einer Höhe von 55 Metern.

Register (Die Zahlen hinter den Stichwörtern geben die Routennummer an)

Slovník	Słownik	Wörterbuch	Dictionary
brána	brama	Tor	gate
cesta	droga	Weg	road
dolina	dolina	Tal	valley
dom	dom	Haus	house
hora	góra	Berg	mountain
horáreň	leśniczówka	Forsthaus	forester´s house
horská služba	Pogotówie górskie	Bergdienst	mountaineering
hostinec	gospoda	Wirtshaus	inn
hrad	zamek	Burg	castle
hranica	granica	Grenze	border
hrebeň	grań	Grat	comb
chata	schronisko	Hütte	cottage
jaskyňa	jaskinia	Höhle	cave
jazero	jezioro	See	lake
kaplnka	kaplica	Kapelle	chapel
kaštieľ	dwór, kasztel	Schloß	manorhouse
kláštor	klasztor	Kloster	monastery
kostol	kościół	Kirche	church
kotol	kocioł	Kessel	cauldron
kúpalisko	basen, kapielisko	Schwimmbad	swimming pool
kúpele	uzdrowisko	Bad	spa
lanovka	kolejka linowa	Seilbahn	funicular
les	las	Wald	forest
mesto	miasto	Stadt	town
nábrežie	nabrzeże	Ufer	embankment
námestie	plac, rynek	Platz	square
ostrov	wyspa	Insel	island
pamätník	pomnik	Denkmal	monument
planina	płaskowyż	Ebene	plain
pleso	górskie jezioro	Bergsee	mountain lake
potok	potok	Bach	brook
prameň	źródło	Quelle	spring
priepasť	przepaść	Abgrund	chasm
rázcestie	rozwidlenie	Gabelung	crossroads
reťaz	łańcuch	Kette	chain
rieka	rzeka	Fluß	river
roklina	wąwóz	Klamm	ravine
sad	park, sad	Park	orchard
sedlo	przełęcz, siodło	Sattel	mountain saddle
skanzen	skansen	Freilichtmuseum	open-air museum
stena	ściana	Wand	wall
strom	drzewo	Baum	tree
studňa	studnia	Brunnen	well
svah	stok, zbocze	Hang	slope
štít	szczyt	Spitze	peak
teplý prameň	gorące źródło	Thermalbäder	thermal spring
útulňa	chata	Unterstand	shelter
veža	wieża, turnia	Turm	tower
vrch	szczyt, góra	Berg	mountain
vrchovina	wyżyna	Bergland	highlands
železnica	kolej	Bahnlinie	railway

Praktische Informationen

D – Drevené kostoly – Holzkirchen
Artikulárny kostol, Svätý Kríž, tel. 044/559 26 22. Öffnungszeiten: 1. Juni - 30. September, Mo - So, 9.00-17.00 Uhr, 1. Oktober - 31. Mai, Mo - So, 9.00-15.00 Uhr.

G - Galérie – Galerien
- **Galéria Petra Michala Bohúňa**, Tranovského 3, Liptovský Mikuláš, tel. 044/552 27 58. Öffnungszeiten: Di - So, 10.00-17.00 Uhr.

H - Horská služba – Bergrettungsdienst
- **Základná stanica HS: Horská služba Nízke Tatry – sever**, Dom HS, 032 51 Demänovská Dolina, tel. 044/559 16 78
- **Záchranná stanica HS: Horská služba Nízke Tatry – sever**, Chata Opalisko, 032 02 Závažná Poruba, tel. 044/554 71 78
- **Záchranná stanica HS: Horská služba Nízke Tatry – sever**, Chata Čertovica, tel. 044/529 12 45
- **Záchranná stanica HS: Horská služba Nízke Tatry – sever**, Liptovská Teplička - ohlasovňa, tel. 052/779 81 50
- **Základná stanica HS: Horská služba Nízke Tatry – juh**, Dom HS - Tále, 977 01 Bystrá, tel. 048/617 00 26
- **Záchranná stanica HS: Horská služba Nízke Tatry – juh**, Chata gen. M. R. Štefánika, tel. 048/619 51 20
- **Záchranná stanica HS: Horská služba Nízke Tatry – juh**, Kamenná chata - Chopok, tel. 048/617 00 39
- **Záchranná stanica HS: Horská služba Nízke Tatry – juh**, Kráľova hoľa, tel. 052/773 13 31

CH – Chaty – Hütten
- **Chata Magurka**, 032 15 Partizánska Ľupča, tel. 044/439 82 79
- **Kamenná chata pod Chopkom**, 977 01 Brezno, tel. 048/617 00 39, e-mail: kamchata@kiwi.sk
- **Chata gen. M. R. Štefánika**, 977 01 Brezno, tel. 048/61 95 120
- **Penzión STIV Čertovica**, 032 34 Malužiná, tel./fax 044/529 14 00 e-mail: certovica@stonline.sk

CH – Chodníky – Wanderwege
(Von 1. November bis 30. Juni gesperrt)
1. Kotliská – Žiar – gelbe Marke
2. Poľana – Sattel Siná – gelbe Marke
3. Dolina Vyvieranie – grüne Marke

I - Informácie - Informationen

Fremdenverkehrs-Informationen erteilen einige Büros des Informations- und Werbedienstes in ausgesuchten Städten.

- **Informačné centrum mesta Liptovský Mikuláš**, Námestie mieru 1, 031 01 Liptovský Mikuláš, tel. 044/16 186, 552 24 18, fax: 044/551 44 48, e-mail: infolm@trynet.sk, www.lmikulas.sk, www.icm.mikulas.sk
- **Informačné centrum Liptovský Hrádok**, SNP 311, 033 01 Liptovský Hrádok, tel. 044/522 50 60, fax: 044/522 50 59, e-mail: iclh@aprojekt.sk
- **Kultúrne a informačné centrum**, Madačova 3, 034 01 Ružomberok, tel. 044/432 10 96, fax: 044/432 32 16

J - Jaskyne - Höhlen

- **Demänovská jaskyňa slobody**, Demänovská Dolina, tel. 044/559 16 73. Öffnungszeiten: Di - So, 2. Januar - 31. Mai, 16. September - 15. November, 15. Dezember - 31. Dezember, 9.00, 11.00, 12.30, 14.00 Uhr, 1. Juni - 15. September, 9.00, 10.00, 11.00, 12.00, 13.00, 14.00, 15.00, 16.00 Uhr, 16. November - 14. Dezember, 24. Dezember - 26. Dezember, 1. Januar, gesperrt.
- **Demänovská ľadová jaskyňa**, Demänovská Dolina, tel. 044/554 81 70. Öffnungszeiten: Di - So, 15. Mai - 31. Mai, 1. September - 30. September, 9.00, 11.00, 12.30, 14.00 Uhr, 1. Juni - 31. August, 9.00, 10.00, 11.00, 12.00, 13.00, 14.00, 15.00, 16.00 Uhr, 1. Oktober - 14. Mai, gesperrt.
- **Važecká jaskyňa**, Važec, tel. 044/529 41 71. Öffnungszeiten: Di - So, 15. Mai - 15. September, 9.00, 10.00, 11.00, 12.00, 13.00, 14.00, 15.00, 16.00 Uhr, 16. September - 30. November, 1. Februar - 14. Mai, 10.00, 11.00, 12.30, 14.00 Uhr, 1. Dezember - 31. Januar, gesperrt.

N - Národný park
- Nationalpark

- **Správa NAPANT-u**, Zelená 5, 974 01 Banská Bystrica, tel. 048/413 08 88, 413 08 89
- **Správa NAPANT-u**, SNP 311, Liptovský Hrádok, tel. 044/522 28 75, fax: 044/522 10 82

T - Termálne kúpaliská
- Thermalbäder

- **Termálne kúpalisko**
Liptovský Ján,
tel. 044/520 81 00

Hotel Bystrina

Autocamping Demänovská Dolina

032 51 Demänovská Dolina
Tel. +421 44 / 55 48163-5
e-mail: bystrina@mail.eurotel.sk
www.hotelbystrina.sk

Hotel und Autocamping befinden sich in atraktiver Umgebung am Anfang des Tales Demänovská Dolina.

EUROBUILDING a. s.

Chata Björnson

032 51 Demänovská Dolina
Tel. +421 (0)44 / 55 916 77 Fax +421 (0)44 / 55 916 89
e-mail: euro@isternet.sk

Typische Berghütte, in der malerischen Umgebung der Niederen Tatra, 50 m von den Skipisten entfernt.

EUROBUILDING a. s.

Hotel Junior Jasná

032 51 Demänovská Dolina
Tel. +421 (0)44 / 5591571-4 Fax +421 (0)44 / 5591575
e-mail: junior@isternet.sk

Das Hotel ist bekannt durch seine sportliche Atmosphäre. Es befindet sich direkt an der Skipiste.

Hotel Lodenica

Nábrežie J. Kráľa 8
033 01 Liptovský Mikuláš
Tel. +421 (0)44/ 5522349, 5520218
Fax +421 (0)44/ 5520217
e-mail: ktklm@isternet.sk
www.isternet.sk/ktklm

Das Hotel befindet sich in angenehmer Umgebung am Ufers des Flusses Váh unweit des Stadtzentrums.

Penzion
Adria

- Rybolov / Fishing / Angeln / Wędkowanie
- Stravovanie / Catering / Verpflegung / Wyżywienie
- Kúpalisko / Swimming pool / Swimmingpool / Basen
- Windsurfing
- Turistika / Hiking / Wandertouristik / Turystyka piesza
- Bežecké lyžovanie / Cross-country ski / Skilanglauf / Narciarstwo biegowe
- Detské hry / Children games / Kinderspiele / Plac zabaw
- Člnkovanie / Boating, rowing / Ruderboote / Łódki, kajaki
- Lyžiarsky vlek / Ski lift / Skilift / Wyciąg narciarski
- Informácie / Information / Informationen /Informacje
- Sauna, solárium / Sauna, solarium / Sauna, Solarium / Sauna, solarium
- Požičovňa športových potrieb / Sport outfit hire service / Sportverleih / Wypożyczalnia sprzętu sportowego
- P Hotelové parkovisko – vo dvore / Hotel parking lot, parking on the premises / Hotelparkplatz – Parken im Hof / Parking hotelowy – parkowanie na podwórzu
- Zmenáreň / Exchange office / Wechselstube / Kantor
- Bufet / Snack bar / Buffet / Bufet
- WC Sociálne zariadenia na izbách / Individual baths / Soziale Einrichtung im Zimmer / Urządzenia sanitarne w pokojach
- WC Spoločné sociálne zariadenia / Common baths / Gemeinsame Badezimmer / Urządzenia sanitarne wspólne
- Kuchyňa / Kitchen / Küche / Kuchnia
- Chladnička / Refrigerator / Kühlschrank / Lodówka
- Tanečná miestnosť / Dancing hall / Tanzsaal / Sala taneczna
- Gril / Grill / Grill / Gril

- Turistický chodník v blízkosti / Hiking path in vicinity / Wanderweg in der Nähe / W pobliżu szlak turystyczny
- Lyžiarska dráha v blízkosti / Ski track in vicinity / Skipiste in der Nähe / W pobliżu narciarska trasa zjazdowa
- S.WC Sociálne bezbariérové zariadenia / Barrier-free baths / Behindertengerechte soziale Einrichtung / Urządzenia sanitarne dla niepełnosprawnych
- Minigolf
- Paragliding
- Cykloturistika / Cyclo-tourism / Radwanderungen / Turystyka rowerowa
- Jazda na koni / Horse riding / Reiten / Jazda konna
- 96 Počet izieb / Number of rooms / Anzahl der Zimmer / Liczba pokoi
- Stolný tenis / Table tennis / Tischtennis / Tenis stołowy
- Volejbal / Volleyball / Volleyball / Siatkówka
- TV Káblová alebo satelitná televízia / Cable or satelite TV / Kabel- oder Satellitenfernseher / Telewizja kablowa lub satelitarna
- Možnosť pobytu s domácimi zvieratami / Possibility of movement with pets / Haustiere erlaubt / Możliwość pobytu ze zwierzętami domowymi
- Konferenčná miestnosť / Conference hall / Konferenzraum / Sala konferencyjna
- Možnosť športových aktivít v okolí, fitnesscentrum / Possibility of sports in environs, fitness centre / Sport- Fitnessaktivitäten in Umgebung möglich / Możliwość zajęć sportowych, fitness
- 55 Počet miest v reštaurácii / Number of chairs in a restaurant / Anzahl der Plätze in der Gaststätte / Liczba miejsc w restauracji
- P 300 Vzdialenosť od autobusovej zastávky / Distance from the bus stop / Entfernung zur Bushaltestelle / Odległość od przystanku autobusowego
- Kaviareň, bar / Café, Bar / Café, Bar / Kawiarnia, Bar
- Biliard / Billiards / Billard / Bilard
- R 50 Maximálny počet klientov prijímaných ako skupina v reštaurácii / Maximum number of clients accepted as a group in a restaurant / Maximale Anzahl der Gäste als Gruppe im Restaurant / Maksymalna liczba klientów przyjmowanych jako grupa w restauracji
- 55 Maximálny počet klientov prijímaných ako skupina / Maximum number of clients accepted as a group / Maximale Anzahl der Gäste als Gruppe / Maksymalna liczba klientów przyjmowanych jako grupa